律师调解的
制度构建及实际应用

王沥平 著

浙江工商大学出版社 | 杭州
ZHEJIANG GONGSHANG UNIVERSITY PRESS

图书在版编目（CIP）数据

律师调解的制度构建及实际应用 / 王沥平著.

杭州：浙江工商大学出版社，2024. 7. -- ISBN 978-7

-5178-6140-9

Ⅰ. D925.114.4

中国国家版本馆 CIP 数据核字第 2024X4J608 号

律师调解的制度构建及实际应用
LYUSHI TIAOJIE DE ZHIDU GOUJIAN JI SHIJI YINGYONG

王沥平 著

责任编辑	沈敏丽	
责任校对	沈黎鹏	
封面设计	尚阅文化	
责任印制	包建辉	
出版发行	浙江工商大学出版社	
	（杭州市教工路 198 号　邮政编码 310012）	
	（E-mail：zjgsupress@163.com）	
	（网址：http://www.zjgsupress.com）	
	电话：0571-88904980，88831806（传真）	
排　　版	杭州浙信文化传播有限公司	
印　　刷	杭州捷派印务有限公司	
开　　本	710 mm × 1000 mm　1/16	
印　　张	9.5	
字　　数	130 千	
版 印 次	2024 年 7 月第 1 版　2024 年 7 月第 1 次印刷	
书　　号	ISBN 978-7-5178-6140-9	
定　　价	55.00 元	

前　言

近年来，随着经济活动的不断增多，人民法院诉讼案件数量激增，"案多人少"矛盾较为突出，我国传统调解制度也面临新挑战。习近平总书记强调，把非诉讼纠纷解决机制挺在前面。建立多元解纷体系的重要性不言而喻。当前，以公益调解为主的调解制度无法满足社会需求，可选择的其他非诉讼纠纷解决途径较少。律师市场化调解作为可行的解决方案，是化解量大面广的矛盾纠纷、破解诉源治理难题的关键一招。因律师队伍专业力量大，其对涉企纠纷及合同纠纷等标的额大、法律关系复杂的商事纠纷的化解，往往效果更好，而市场化收费充分激发了专业力量参与社会治理的积极性。

浙江省杭州市较早开始探索律师调解制度的构建。杭州市律师协会早在2016年就成立了全国首家以律师为主体的专业性调解组织——杭州律谐调解中心，开始尝试律师参与多元矛盾的化解工作。2017年，在最高人民法院、司法部出台的《关于开展律师调解试点工作的意见》的指导下，杭州律谐调解中心成为法院特邀调解组织。杭州地区在2018年、2020年分别确定15家、45家律师事务所设立律师调解工作室。2021年7月，经最高人民法院批准同意，杭州市中级人民法院成为全国范围内唯一一家开展市场化解纷机制试点工作的单位。2021年9月，司法部复函浙江省司法厅，要求杭州市司法局、杭州市律师协会和杭州市中级人民法院协同推进杭州市律师调解市场化工作。试点工作推进过程中，杭州市律师协会在司法行政部门的指导下，积极探索依托杭州律谐调解中心平台进行商事调解和派驻法院（法庭）专职调解等，调解成效不断显现。

在上述背景下，本书从国内外调解制度的基本情况出发，切入国内律师调解的现状，重点以杭州律师市场化调解发展为基础展开论述，分析目前市场化调解面临的困难与问题，并提出可行性建议。首先是明确律师调解路径构建，包括加强调解引导、建设数字化平台、完善诉调对接与仲调对接机制，进一步推动商事调解立法。其次是完善律师调解的规范化管理，包括调解组织设立、调解员选定、调解案件收结案、调解程序规范化。再次是介绍杭州地区专职、专业、专项、数字化、市场化的调解方式以及取得的优秀经验。最后是通过展现律师调解的三类典型应用场景，进一步说明律师市场化调解在诉源治理中的实际应用，具体为证券纠纷、家事纠纷、物业纠纷等领域的调解，展现律师调解的专业性、高效性及公正性。

律师市场化调解是践行习近平法治思想、坚持和发展新时代"枫桥经验"、深化诉源治理的生动实践，为优化法治化营商环境、高质量发展建设共同富裕示范区做出积极贡献。律师调解制度的构建有助于律师在更广阔的范围内发挥专业作用，及时化解纠纷，节约司法资源，减轻法院负担，推动中国特色多元化纠纷解决体系的构建，为社会提供多样化的纠纷解决途径。

作　者

2024 年 6 月

CONTENTS 目　录

第一章

chapter 01

调解制度概述

第一节　我国调解制度概述

一、我国传统调解制度

我国传统调解制度是在传统文化和社会习俗中形成的一种独具特色的争议解决机制。调解在我国具有深厚的历史渊源。在古代，与"调解"同义的词有"居间""劝解""和解"等。[1]传统调解重视维护社会关系的和谐与稳定，倡导减少对烦琐法律程序的依赖，转而采取非官方的、更为灵活的方式，有效化解纷争。因此，调解成为地方官员在解决民间纠纷时运用的主要手段。

中国传统调解涉及的民间纠纷可大致分为以下几类：户婚类（如涉分家析产、夫妻关系、家庭关系、宗祧继承、赡养等方面的纠纷）、田土类（如有关土地买卖及土地租借等方面的纠纷）、钱债类（如金钱借贷纠纷）、侵权类（如因斗殴、轻微伤害所致的纠纷）、邻里利益关系类等。[2]

历史研究结果表明，调解制度在汉代已然十分发达，至宋代逐渐实现了

---

[1]　尹力：《国际商事调解法律问题研究》，武汉大学出版社 2007 年版，第 176 页。
[2]　马小红、柴荣、孙季萍等：《中国法律史教程》，商务印书馆 2020 年版，第 341 页。

制度化，到明清时期更是发展到一个相当完备的阶段。根据调解主持者的不同，古代的纠纷调解大致分为三种形式：民间调解、官批民调、官府调解。

（一）民间调解

民间调解，即由民间自行组织的调解，又被称为"诉讼外调解"，在古代，民间调解包括乡里调解、宗族调解、邻里亲友调解等。其中宗族调解是民间调解中最为重要的调解方式。当族内成员发生纠纷时，往往由族内的长辈或德高望重的人来居间调解，以止息纷争。此外，乡里调解也是一种重要的民间调解方式，其调解人由当地的里长、里正或其他基层权威人士担任，负责调解一定范围内的民事纠纷和轻微刑事纠纷。对民间调解而言，调解结果的正当性在极大程度上依赖于调解人的个人地位与威望。由于当时的民间纠纷大部分是被视为"细故"的田土纠纷和婚姻家事纠纷等，因此，此类纠纷在民间被直接化解，并不会威胁到社会稳定。

（二）官批民调

官批民调，是指官府在审理案件时，如认为情节轻微，不值得传讯，或认为事关亲族关系，不便公开传讯，可批令亲族人加以调处，并将调处结果报告官府的一种调解形式。[1] 根据我国古代地方诉讼档案的记载，大量案件在官府接手后，会先进行初步堂审，若认定该案属于民事纠纷或轻微人身伤害纠纷等时，通常由州县官发回乡村，交由族长、乡绅等调处，调处不成再进行判决。这一方式极大地发挥了民间组织的纠纷解决作用，减轻了官府诉累。

---

[1] 王秋兰、刘金华、邱星美：《我国调解的立法、理论与实践问题研究》，中国政法大学出版社 2014 年版，第 26 页。

（三）官府调解

官府调解亦称"司法调解"或"诉讼内调解"，一般由司法官（行政官）主持，调解对象一般是民事案件和轻微刑事案件。我国古代存在行政官员兼掌司法的传统，故司法调解即被纳入官府调解之中。官府调解并不一定走法定程序，但对民事纠纷的处理起着重要作用。由于中国传统社会的特殊社会结构，许多民事纠纷双方可谓非邻则族、非亲则故；从案由来看，不少涉及户婚、田宅等"细故"，当事人往往因意气之争而提起诉讼。所以官府在处理这类争端时，先进行调处既有可行性，又有相当的必要性。况且，"无讼"既是评判古代官员政绩的重要依据，也是儒家学派人士不懈追求的目标。对实现"无讼"这一境界而言，调解明显是一条最佳途径。

民间调解、官批民调和官府调解，虽然调解主持者、调解形式有所不同，但都以统治阶级的法律为依据，并深受儒家思想文化的影响，以"无讼"为价值导向。这些调解方式相互之间并非完全独立，而是相辅相成的。在实际应用中，三种调解方式形成了一个多元化的纠纷解决体系，能够更全面地满足社会纠纷解决的需求，有效保障社会秩序的稳定。

二、我国现代调解制度

从中国社会治理体系的发展来看，中华人民共和国的成立是我国现代社会治理体系的开端，而改革开放又加快了国家治理体系的现代化进程。目前，中国的调解制度正经历着一场深刻变革。长期以来，中国对调解制度的建设都给予了高度关注，无论是立法机关还是其他相关部门，都在积极建构并发展完善调解制度。就调解途径而言，我国现代调解主要包括人民调解、法院调解和行政调解。

（一）人民调解

1. 人民调解的概念

人民调解是指依法设立的人民调解委员会，在平等、公正的原则下，通过劝说、疏导等方式，协助纠纷当事人在自愿、平等协商的基础上达成调解协议，从而解决民事纠纷的一种活动。它是一种具有中国特色的化解矛盾、消除纠纷的非诉讼纠纷解决方式。

人民调解是诉讼外调解最重要的形式之一。承担人民调解任务的基层群众性调解组织称人民调解委员会（以下简称"调委会"），其成员一般不少于3人，主要包括调委会主任、调解员和书记员。调委会根据专业类型可分为行业性调委会与非行业性调委会。行业性调委会以解决专门类型的纠纷为主，通常由行业主管部门或者社会公益组织受当地司法行政部门的指导而设立。非行业性调委会以调解普遍性纠纷为重点，主要依托于地方政府及村民委员会和居民委员会设立，自下而上有村级、社区级调委会，镇级、街道级调委会，县级调委会。其中村级调委会通常以村两委班子成员为调委会主任，以村干部或者在本村德高望重、具有调解经验的人为人民调解员；镇级、街道级调委会通常由政法工作负责人任调委会主任，司法所所长或者专职调解员担任人民调解员；县级调委会以区、县司法局主管人民调解的负责人兼任调委会主任，任命专职调解员进行人民调解。县级调委会通常不承办简易和一般矛盾的纠纷调解工作，主要是对本地区下级屡次调解无果的疑难复杂案件进行调处。

2. 人民调解的特点

人民调解，作为中国传统文化与现代社会治理相结合的产物，具有其独特而鲜明的特点。这种独特的纠纷解决机制不仅体现了人民群众自我管理、自我服务的理念，也展现了中华文化中"和为贵"的价值观。

第一，人民调解的最大特点就是自治性。自治性是人民调解制度的基石，它赋予了当事人充分的自主权和选择权。在人民调解过程中，当事人可以根据自己的意愿选择是否接受调解，也可以在调解过程中随时表达自己的意愿和诉求。调解员在调解过程中也会充分尊重当事人的意愿，通过耐心细致的疏导和调和，引导双方达成合意，签订调解协议。这种自治性不仅体现了对当事人权利的尊重，也促进了纠纷的公正、合理解决。

第二，人民调解具有民间性。人民调解组织不是政府下设的行政组织，而是独立于政府体系之外的民间组织。这种民间性使得人民调解更加贴近基层群众，更加符合基层群众的心理和情感需求。在调解过程中，人民调解员通常来自基层社会，他们熟悉当地的风土人情、习惯习俗，能够用群众易于接受的语言和方式进行调解。这种民间性也使得人民调解具有更强的灵活性和适应性，能够针对不同类型的纠纷采取不同的调解策略和方法。

第三，人民调解具有群众性。人民调解制度深深扎根于基层社会，其组织来源、人员构成、运行目的和过程都充分显示出群众属性。人民调解组织一般设立在基层群众自治组织中，如村民委员会、居民委员会等。人民调解员也主要来源于生活在基层一线的群众，他们了解基层群众的需求和诉求，能够更好地为群众服务。在调解过程中，人民调解员通常依据传统道德、民间情感、风俗习惯等进行纠纷调解，这种贴近群众的方式更容易被群众接受和认可。

第四，人民调解还具有司法辅助性质。作为一种非诉讼纠纷解决方式，人民调解与司法程序相辅相成，共同构成了我国多元化的纠纷解决体系。人民调解可以为司法程序提供前置性的纠纷解决途径，减轻法院的工作压力；同时，人民调解也可以在司法程序结束后进行后续调解工作，促进当事人之间的和解和关系修复。这种司法辅助性质使得人民调解在维护社会稳定、促进社会和谐方面发挥了重要作用。

总之，人民调解作为一种具有中国特色的纠纷解决机制，其自治性、民间性、群众性和司法辅助性质等特点使得它在解决基层群众纠纷、促进社会和谐方面发挥了重要作用。

（二）法院调解

1. 法院调解的概念

法院调解是指在民事诉讼过程中，由人民法院作为中立方，主持并促使纠纷当事人在自愿、平等的基础上达成协议，从而解决民事纠纷的一种诉讼活动。这种调解活动在法院的主导下进行，达成的调解协议一旦生效，便与法院的判决书具有同等的法律效力。

作为民事诉讼法的一项重要制度，法院调解在民事诉讼中得到了广泛的应用。除了涉及特别程序、公示催告程序、督促程序，以及其他基于案件性质不宜进行调解的特定情况外，大部分民事纠纷案件均可以适用法院调解。

法院调解可以适用于一审普通程序、简易程序、二审程序及审判监督程序，但前提是必须基于双方当事人的自愿。这种调解方式旨在通过和平、协商的方式解决纠纷，减少诉讼的对抗性，促进当事人之间的和谐关系，同时也能够减轻法院的工作压力，提高司法效率。

2. 法院调解的特点

第一，法院调解的主持和主导者是审判人员。与诉讼外调解不同，法院调解由法院的审判人员主持，他们具备丰富的法律知识和审判经验，能够确保调解过程在严格的法律框架内进行，保障当事人的合法权益。

第二，法院调解具有全程性和灵活性。它贯穿于民事审判程序的始终，无论是在一审、二审还是再审程序中，只要双方当事人同意，法院都可以根据案件的具体情况进行调解。这种灵活性使得法院调解能够更好地适应不同案件的需要，提高解决纠纷的效率。

第三，法院调解是人民法院履行审判权的一种途径。通过调解，法院不仅能够解决当事人之间的纠纷，还能促进社会的和谐稳定。一旦调解成功并达成协议，法院会制作调解书。调解书一经送达即具有与生效判决同等的法律效力。

（三）行政调解

1. 行政调解的概念

行政调解是行政机关依法通过劝导、说服、教育等方式，促进纠纷各方当事人平等协商，自愿达成调解协议或者形成共识，从而化解争议和纠纷的活动。

2. 行政调解的特点

第一，行政调解往往依托于行政机关或其指定的第三方。一方面，行政机关在行政调解的过程中应当发挥其职责，为当事人提供应有的调解服务；另一方面，行政调解往往具有专业性，比如医疗卫生管理、自然资源管理、环境保护管理等方面的纠纷，行政机关应当在职权范围内为当事人提供必要的技术、法律和政策解答，为当事人释明相关情况。

第二，平等自愿是行政调解的前提。调解作为一种非强制性纠纷解决方式，当事人有权自主处分，有权选择终结或继续调解程序，调解的内容以双方意思自治为准。虽然行政机关具有一定的执法权力，但行政调解并不具有强制性，不能利用行政权力强迫当事人达成协议，需要以充分自愿为调解前提，从根源上解决矛盾，化解纠纷。

第三，行政调解的中立性与能动性。行政机关应当作为独立的第三方存在，不偏向任意一方当事人。同时与行政诉讼不同，行政调解更为便捷、灵活、保密，行政机关应当充分发挥其主观能动性，做到一揽子解决问题，尽可能避免纠纷的再次发生。

现代调解制度注重法律性、公正性和专业性，广泛应用于各个领域，包括民事纠纷、商事纠纷等。在这些领域，调解被视为一种快速、经济、灵活的解决纠纷的方式，有助于减轻法院的负担，提高纠纷解决效率。

总之，我国现代调解制度在法律框架下，依托专业的调解组织和经验丰富的调解员，为当事人提供了一种有效、便捷的纠纷解决方式，有力地促进了社会的和谐稳定和法治建设的深化。

三、多元化纠纷解决机制建设

（一）多元化纠纷解决机制的背景

多元化纠纷解决机制的建设源于对传统单一纠纷解决方式的挑战和对社会多元化纠纷解决方式需求的回应。传统法院诉讼存在成本高昂、时间长、制度僵化等问题，往往难以满足复杂多变的现实需求。因此，为了丰富纠纷解决的选择和途径，许多国家和地区纷纷探索并建立了多元化纠纷解决机制。这一趋势得益于法律制度发展、社会多元化、知识传播和技术进步等因素，以及对公平、高效、便捷的纠纷解决方式的追求。多元化纠纷解决机制的建设，可以更好地满足不同人群的需求，降低纠纷解决成本，提高效率，促进社会和谐稳定，提升司法公信力。自党的十八大以来，我国确立了"建立共建共治共享的社会治理格局"等一系列目标。多元化纠纷解决机制是国家治理体系的重要组成部分，当前，我国也在积极地建立并完善与之相关的制度规范。多元化纠纷解决机制并不是单纯地沿用传统的调解方法，更不是照搬西方的 ADR（Alternative Dispute Resolution，替代性纠纷解决机制）模式，它的建立立足于中国的现实需求，标志着我国的矛盾纠纷化解工作已经迈向了新的台阶。

（二）多元化纠纷解决机制建设的内容

1. 深入贯彻习近平法治思想

自党的十八大以来，习近平总书记多次强调，要把"枫桥经验"坚持好、发展好，把党的群众路线坚持好、贯彻好，把非诉讼纠纷解决机制挺在前面。党的十九届四中、五中全会对坚持和发展新时代"枫桥经验"，完善各类调解联动工作体系，构建源头防控、排查梳理、纠纷化解、应急处置的社会矛盾综合治理机制等做出明确部署。我们要坚持以习近平新时代中国特色社会主义思想为指导，深入贯彻习近平法治思想，坚持和发展新时代"枫桥经验"，坚定不移走中国特色社会主义社会治理之路，健全完善中国特色一站式多元纠纷解决体系，推动建设更高水平的平安中国、法治中国。

2. 坚持把党的领导作为根本保证

要坚持党的全面领导，把党的领导贯彻落实到社会治理的全过程和各方面，落实到多元化纠纷解决机制当中。以人民为中心，多层次、多样化满足人民群众对调解工作的需求。在多元化纠纷解决机制的建设中，要充分发挥党的领导作用，充分发挥我国社会主义制度的优势，要让社会各方面的力量都在化解矛盾中起到更大的作用，要形成内外联动、上下协同、有序衔接的多元化纠纷解决模式，切实把党的理论优势、政治优势、制度优势、密切联系群众优势转化为社会治理的强大效能。

3. 坚持完善在线纠纷解决机制建设

通过互联网信息技术结合传统调解，建立在线纠纷解决机制，为人民群众提供线上线下一站式多元纠纷解决服务。随着社会发展，人们对纠纷解决的便利性和快捷性的需求增加，对多元化纠纷解决机制改革提出了要求。传统调解模式具有调解成本高、调解时间长等问题，而在线纠纷解决机制通过线上与线下相结合的纠纷解决方式，摆脱了传统调解所受的时间、空间的限制，使得当事人可以更加便捷、高效地解决纠纷。

浙江作为"枫桥经验"的发源地，在在线纠纷解决机制的建设上，起步最早，理念和系统也最为完善。以浙江法院为例，浙江法院为了适应网络时代下在线纠纷解决的需要，将互联网技术与诉调对接相结合，力求开辟出一个以法院为核心，将行政、行业、市场等各个方面连接起来，业务覆盖面广、数据集中度高、资源共享性强的在线纠纷解决体系，从而达到"网下纠纷网上解，网上纠纷不落地"的便民利民效果。

目前我国的在线纠纷解决机制建设已经取得了一定的成果，在未来仍需要进行进一步的完善并加以推广，使每个人都能享受到在线纠纷解决机制带来的高效和便捷。

4. 创新调解机制，大力推动调解机制市场化

我国目前主要的调解类型为人民调解、法院调解和行政调解，它们从不同的角度担负着化解纠纷、维护社会稳定的使命。但是随着社会的不断发展变化，以及这三种调解方式本身存在的局限，人们对解决纠纷的需求在当下越来越难以完全满足。应当大力发展现代社会调解，如依托商会、行业协会等社会组织加强商事调解组织建设，加强投资、金融、证券期货、知识产权、国际贸易等重点领域的商事或行业调解服务，适应新的纠纷解决的需求。[1]

通过促进调解市场化，激发调解机制的活力。在我国现行社会调解体系中，人民调解由政府提供经费支持，为当事人提供无偿的调解服务。但如果将商事调解、行业调解、律师调解均归为人民调解，作为免费的纠纷解决方式，将打击调解人员的积极性，不利于调解的长远发展。我国社会调解应当多元化发展，在维持人民调解公益性的基础上，推动商事调解、行业调解、律师调解等调解机制市场化，在吸引更优质的法律人才投入调解活动，提高调解质量的同时，通过有偿化调解带动调解人员的积极性，提高调解的效率。

---

[1] 廖永安等：《中国调解的理念创新与机制重塑》，中国人民大学出版社 2019 年版，第 40 页。

第二节　比较法上调解制度概述

从世界范围来看，现代意义上的调解制度基本上是从 20 世纪后半期开始发展起来的。自 20 世纪 70 年代开始，受制于烦琐的民事诉讼程序与不断增长的案件数量，原有的民事司法制度已无法满足社会与民众的需求，探索非诉讼纠纷化解机制、提高民事纠纷解决效率成为世界各国的共同议题。综观世界各国，虽然德国、法国等国家在 18 至 19 世纪也曾有过调解制度的雏形，但由于适用范围狭窄（多局限于家事、邻里纠纷或特定行业的纠纷）、制度缺乏规范化与体系化等，其与现代调解制度显然存在本质的区别。目前现代调解制度的发展，大体上遵循着标准化、专业化、电子化等发展趋势。

第一，调解制度标准化、规范化。传统调解制度与现代调解制度的显著差异之一就是有无规范的制度体系，因此进行专门的立法工作是世界各国对调解制度进行建设与改革的重要任务，尤其是在德、日等大陆法系国家。美国与英国虽然因法系文化的差异，更侧重通过参考地方实践与司法判例的方式推进调解制度建设，但是仍然通过非强制性的示范法方式开展调解领域的标准化工作。

第二，调解制度专业化、职业化。调解需要积极引导当事人达成合意，因此调解员需要具备过硬的专业素质，包括专业知识、谈判技巧等。美国、英国等国极为重视调解员的专业培训，法学院开设专门的调解课程，市场上涌现大量专业化的商业调解机构，助力形成完整和规范的商业调解市场。

第三，电子化、在线式调解迅速发展。随着调解制度越来越深入社会各个领域，其防范诉讼爆炸、提高纠纷化解效率的优势因互联网的发展而得以扩张。除了各国的调解机构通过电子化的在线调解平台进行线上调解外，实践中有越来越多的商业公司与第三方调解机构合作，搭建纠纷调解平台，更进一步地预防纠纷扩大化，引导当事人达成合意。

第四，强化调解员职责与行为规范。目前世界各国对调解员的资格不做严格的职业禁入规定，法律、会计、咨询、心理等专业人员均可以做调解员，但都需要经过调解机构的严格培训与有关部门的登记认证。从职责上看，调解员都须负有保密、公平对待当事人等义务，尽职进行调解工作。除此之外，美国、德国等地鼓励律师做调解员，鼓励其积极参与调解工作，提供法律上的意见。

一、美国调解制度概述

美国的调解制度虽然缺乏文化传统，但其现代化起步的时间却较为领先，为其他国家的 ADR 改革提供了宝贵的经验。美国的调解制度起源于 20 世纪 60 年代末，表现为一大批非营利性质的调解机构的兴起。[1] 到了 20 世纪 70 年代，美国便正式启动了现代化调解制度的进程，其标志即为 1976 年的"庞德会议"，即时任美国最高法院首席大法官沃恩伯格组织的研讨会。在"庞德会议"上，参会各方就美国司法制度中的"民事诉讼效率低下与成本上升"

---

[1] 齐树洁：《美国调解制度》，《人民调解》2019 年第 10 期，第 57—59 页。

问题进行讨论,并呼吁建设现代化的 ADR 制度。[①] 因此美国在 20 世纪 70 年代末,诞生了一批卓越的私人调解机构,例如,1979 年成立的美国司法仲裁调解服务股份有限公司(Judicial Arbitration and Mediation Services Inc.,简称 JAMS),[②] 并开展了多项富有成效的调解实践,包括上诉法院调解计划等。20 世纪 80 年代至 90 年代,美国多部门开展了多样化的调解项目探索,并从 90 年代起出台了一系列的规范或示范法,如《统一调解法》《美国律师协会调解员行为准则》等。[③] 目前,美国的调解制度较为完善,调解类型较多,在此主要介绍以下三种调解类型:

第一,法院附设调解。该调解方式由 1974 年美国的民事案件管理计划引入,并在实践中得到发展。法院附设调解与审判法官调解相对应,学理上都属于法院调解;但法院附设调解要求调解人必须为案件主审法官以外的法院人员,以避免诉讼思维干扰调解的独立性。除此之外,美国还大力推动和解法官的角色转变,即"管理型法官",以更加积极的模式引导双方当事人和解。[④]

第二,社区调解。社区调解是美国诉讼外调解的重要组成部分。社区调解的职能部门为司法仲裁调解中心,其雏形是 20 世纪 60 年代成立的"邻里司法中心",后被"纠纷解决中心"所取代。[⑤] 其发展与推广多采取项目模式,多由政府部门与调解机构联手创立社区调解中心,对社区范围内的租赁纠纷、邻里纠纷、家事纠纷等进行调解。

第三,商业调解。所谓商业调解,即由专业化的商业调解公司向当事人

---

① 田向阳:《美国调解制度的发展》,https://bjgy.bjcourt.gov.cn/article/detail/2011/09/id/883215.shtml。
② 李政:《ADR 视野下私人调解的程序和效力——以美国 JAMS 公司为例》,《法学杂志》2009 年第 11 期,第 15—17 页。
③ 魏杰:《我国律师调解制度研究》,辽宁大学 2022 年硕士学位论文。
④ 刘静、陈巍:《美国调解制度纵览及启示》,《前沿》2011 年第 4 期,第 110—113 页。
⑤ 包建华:《美国民事和解及调解制度研究》,《法制与社会》,2011 年第 11 期,第 35—38 页。

提供的自费调解服务。这类调解在美国适用的范围比较广，包括合同纠纷、知识产权纠纷等商业领域，收费也比较高昂。^①

除了繁多的调解类型，美国的调解制度也有着完备的规则体系与原则。第一，调解员制度较为完善。美国的调解员服务总体上是靠市场机制运作的，政府主要通过认证制度来实现对调解员资格的管控，各州一般对学历、调解培训经历有相应的要求。对于法院附设调解、商业调解而言，调解员的专业性往往比较强，主要由律师、法官等法律从业人员担任调解员；而社区调解则一般由志愿者担任。但无论哪一种调解，调解员都被要求负有保密、中立等义务。第二，律师调解与电子调解发展较为迅速。美国已有部分律所（"律师事务所"的简称）开设了 ADR 业务组，专门从事调解工作。除此之外，美国的商业机构通过研发在线纠纷解决软件，实现电子调解的快速发展。第三，调解的职业化、学科化进展较快。自 20 世纪 90 年代末，美国一些高校的法学院就着手开设系统化的 ADR 培训课程，进行调解知识传授与技能培训，并与市场上专业的调解机构（法院、商业机构、社区机构）相衔接，形成了一套完善的职业体系，实现调解的高度专业化。

二、英国调解制度概述

与欧洲大陆、北美等地不同，英国一直顽强抵抗着民事诉讼制度的变革。但自 1875 年以来，多轮司法改革未能使民事诉讼效率的提高取得实质性进展，逐步引发了英国民众的强烈不满。学界普遍认为，20 世纪 90 年代的英国民事司法改革开启了英国现代意义上的调解制度。^②1994 年，英格兰和威尔士

① 谢敏、李光：《美国调解制度简介及其启示》，《前沿》2013 年第 16 期，第 78—79 页。
② 腾飞：《英国民事司法改革中的 ADR》，https://bjgy.bjcourt.gov.cn/article/detail/2013/12/id/1161812.shtml。

首席大法官沃尔夫勋爵组织调研小组对英国民事司法制度进行评估调查，并在 1996 年 7 月的最终报告（即"沃尔夫报告"）中指出：应当尽量避免民事诉讼，推动 ADR 方式解决纠纷。1999 年 4 月 26 日，英国新《民事诉讼规则》正式实施，要求当事人就部分纠纷展开诉前信息交换，鼓励当事人通过非诉讼机制达成解决方案。而进入 21 世纪以来，英国的调解制度又出现了一些新发展。

第一，英国作为判例法国家，注重通过判例推动调解规则的建立与完善。2001 年卡尔等人诉普利茅斯市政委员会案中，英国法院认为"涉及公共经费等案件应优先通过调解等非诉途径解决"，明确了部分纠纷强制调解前置的规则；2002 年敦尼特诉铁路公司案中，英国法院确立了"诉讼费用罚则"，即当事人拒绝法院提出的调解建议，即使胜诉也应承担诉讼费用。该规则在 2003 年加拿大皇家银行信托公司诉国防大臣案、2004 年海尔希诉米尔顿凯恩斯综合医院案中得到了调整和完善。正是通过相当数量的案例，英国才能不断对调解原则进行完善，并逐步建立起先行调解、强制调解等调解规则。

第二，商业调解完善且繁荣。英国的商事调解发展较为迅速，其原因之一就是商业调解机构的设立与完善。目前英国主要的商事调解机构包括英国有效争议解决中心（Centre for Effective Dispute Resolution，CEDR）、ADR 集团（ADR Group）、专家协会（Academy of Experts）、民事调解委员会（Civil Mediation Council）及英国调解中心（National Mediation Centre）等。[①] 除了众多的商事调解机构外，英国还强调对商事调解员进行市场化管理。与美国类似，英国对商事调解员没有采取资格上的限制，而是采取登记注册的方式进行管理，主要由调解机构对调解员进行培训与监督。商事调解的费用也实施市场化管理，由调解机构制定收费标准，当事人进行分担。

---

① 李苗英、肖璟翊、韩婷等：《英国商事调解制度概览》，《人民调解》2023 年第 4 期，第 55—59 页。

第三，与美国类似，英国 ODR（Online Dispute Resolution，在线非诉讼纠纷解决机制）的快速发展，有力推动了调解制度的电子化。

三、德国调解制度概述

与英美法系国家相比，现代调解制度在德国的兴盛来得相对较晚。虽然有学者认为，德国早在 19 世纪 70 年代左右就设立了属于自己的调解制度与调解机构（由政府资助的调解委员进行自愿性调解），[①] 但在 20 世纪 50 年代，随着德国诉讼制度的完善、民众诉讼意识的增强，德国的调解制度已名存实亡，一度被废除。因此学界普遍认为，德国现代意义上的调解制度是在 20 世纪末重新起步，并在 21 世纪重新焕发活力的。20 世纪 70 至 90 年代，为了应对不断增长的诉讼成本，德国开始了 ADR 制度的改革，内容包括：1975 年德国创设医师协会仲裁所，以减轻医疗纠纷的诉讼压力；1976 年德国对《民事诉讼法》进行修订，通过明确法院的调解义务以简化与加快诉讼程序；[②] 为提高律师促进当事人调解的意愿，1994 年德国颁布《费用修正法》，规定如双方达成庭外调解，律师可额外收取 50% 的调解费用；德国也在"1998 年议案"中，建议授权地方可在某些特定案件中适用强制性调解程序。[③] 但是上述举措都仅仅是对调解进行初步的探索，没有体现出建设调解制度的意向，因此收效甚微。

直至 21 世纪，德国才正式启动调解制度改革，措施包括：2000 年 1 月 1 日，德国颁布了《法院外争议解决促进法》，在德国《民事诉讼法典施行法》

---

① 张明强、刘明凤：《德国民事调解制度的发展与启示》，《中国司法》2012 年第 5 期，第 100—103 页。
② 蔡惠霞：《德国调解制度新发展评析》，《东南司法评论》2013 年第 6 期，第 440—451 页。
③ 齐树洁：《德国民事司法改革及其借鉴意义》，《中国法学》2002 年第 3 期，第 163—173 页。

中增加了调解程序授权条款，即对于邻里纠纷、名誉侵权纠纷、小额财产纠纷等案件，各地方可进行强制诉前法院外调停立法；2001 年左右，德国颁布了《民事诉讼法改革法》，引入了强制性质的审前和解辩论制度；2002 年开始，德国各州掀起了调解制度改革实验的浪潮，包括柏林的"调解实践"、哥廷根的"调解法官"、巴伐利亚州的"和解法官"等。这些措施均为德国后续的调解制度改革积累了深厚的实践经验。为了顺应 2008 年欧盟对 ADR 制度改革的呼吁，德国顺势在 2012 年颁布了调解领域内的专门法律——《调解法》，该法奠定了德国目前调解制度的基调。目前，德国对律师调解、法官调解等，并未基于调解主持人身份不同而做出具有针对性的规定，而是统一通过独特的调解员与调解法官制度进行指引。德国《调解法》等一系列法律法规所确定的调解身份制度的特点如下：

第一，建立了完善的调解员制度。德国《调解法》明确了调解员的定义与法律地位。从定位上看，调解员是指导当事人协调利益、缩小差异的中立第三方；从选任上看，德国的调解员仅能由双方当事人合意选择，不能由其他机构或人员指定；从资格上看，调解员并没有身份上的禁止性规定，无论是否为法律从业人员，只要经过一系列调解课程的培训，即可作为"认证调解员"持证上岗；从职责上看，调解员的任务是协调当事人之间的利益、缩小认知差异，引导当事人双方达成合意，还需遵守保密义务、对双方当事人一视同仁；从限制上看，虽然德国法律不对调解员做出职业禁入规定，但是对律师与法官则有特别规定。调解员的角色是协调与引导，如果调解员不具有律师资格，则不能向当事人提供法律分析意见。此外，德国不禁止法官成为调解员，但是对于该案有审判权的法官，则其不能成为当事人双方的调解员，以免其诉讼和审判理念干扰调解程序。

第二，明晰了调解员与法院的角色。在《调解法》正式颁布前，《调解法（政府草案）》曾认为调解可依据与法院关系的不同分为法院外调解、近法院调解与法院内调解。但由于法院内调解的合宪性、调解与审判行为的差异性等学术争议，最终德国《调解法》选择删去法院内调解的地位，采纳了来自巴伐利亚州的"和解法官"的实践经验。[①]究其本质，德国是对调解员与法官的角色有着严格的区分。德国法律认为调解员须为中立的第三方，应尽量避免出具法律上的评价和建议，这与审判法官的职能相矛盾。但是和解法官则不同，其本身并不是调解员，无须按照调解的规定履行职责。其角色是积极引导当事人进行调停，有权做出法律分析。[②]

四、法国调解制度概述

与其他大陆法系国家不同，法国的调解制度拥有深厚的文化土壤与历史渊源，最早可追溯到 18 世纪的大革命时期。中世纪的法国，随着王权制度与司法制度的无序发展，诉讼程序已受到法国民众的质疑。因此法国在接下来的司法制度改革中，大刀阔斧地开展了仲裁与诉讼制度的改革。自此，法国走上了独特的调解制度之路。

法国的调解制度可以分为两个阶段：第一阶段为单轨模式的"国家依附性调解"，第二阶段为双轨并行的"国家依附性调解"与"社会自治性调解"。[③] 1790 年 8 月，法国第一次在立法中明确了调解是诉讼的强制性前置程序，并对调解制度的配套规则（管辖、程序等）做了完善的规定；随后，1806 年制定的《民事诉讼法典》承继了这一制度，并沿袭了一百多年，取得了良好的社会效果。但随着工业社会的发展，传统的调解制度已不再适用，

---

① 周翠：《调解在德国的兴起与发展——兼评我国的人民调解与委托调解》，《北大法律评论》2012 年第 1 期，第 64—92 页。
② ［德］彼得·哥特瓦尔德：《德国调解制度的新发展》，曹志勋译，《经贸法律评论》2020 年第 3 期，第 144—158 页。
③ 王晨：《法国调解制度初探》，《东南司法评论》2018 年第 11 期，第 419—430 页。

法国开始了调解制度的现代化转型。1974 年，法国《民事诉讼法典》将调解确认为法官的基本职能之一；[①] 1987 年巴黎法院开始了对社会自治调解的探索；在 1995 年、1996 年的立法工作中，法国强化了调解程序的自愿性，并建立了独立调解员制度；2010 年第 1165 号法令的颁布，确立了司法调解员与独立调解员并行的规则。与德国相仿，法国目前也并未对律师调解、法官调解等做出专门的规定，但法国在长期的立法与司法实践中确立了分类明确的调解制度。

第一，根据调解程序所处阶段的不同，法国建立起司法外调解与司法调解相结合的制度体系。所谓司法外调解，即在诉讼程序尚未开始之前即由第三方协调双方当事人进行调解。但需注意的是，由于该类调解不在诉讼程序范围内，因此调解人的身份不能为法院的法官，其不具备司法审判的权力。所谓司法调解，即在诉讼过程中发生的调解。目前法国的司法调解大概可以分为以下三种：调解员调解、小审法院的调解和强制调解。所谓小审法院，即主要受理小额诉讼案件的基层法院，其调解程序由当事人申请启动；所谓强制调解，主要是对劳资纠纷、离婚纠纷等特殊案件进行强制性的调解前置。[②]

第二，法国建立了完善的调解员制度。从调解员的资格上看，法国除了禁止法官自我任命为调解员之外，其新的《民事诉讼法》也规定了实质上的准入条件，包括未受过刑事处罚、有民事行为能力、未受过纪律或行政处分、具备一定的调解技能等。从调解员的职责上看，法国同德国类似，调解员负有保密、公平公正对待当事人等法定义务。从调解员的报酬上看，其报酬由法官预先进行测算，并在调解完成后最终确定。[③]

[①]　周建华：《法国的调解（médiation）：比较与借鉴》，《学习与探索》2012 年第 1 期，第 93—97 页。
[②]　齐树洁：《法国调解制度》，《人民调解》2019 年第 3 期，第 56—59 页。
[③]　林芳雅：《法国调解人制度探微》，《司法改革论评》2014 年第 1 期，第 364—374 页。

五、日本调解制度概述

日本的调解制度起步较晚。虽然有学者认为日本的调解制度最早可以追溯到江户幕府统治时期，[①] 即由各地富有名望的年长者出面主持调停，但日本真正意义上的调解制度雏形应是大正年间的家事调停制度，[②] 并且，其伴随着诉讼压力的逐步增加而逐渐沿袭成为固定的制度。而日本现代意义上的调解制度，则是在"二战"后得以发展兴盛的，其主要举措包括 1947 年日本通过了《家事审判法》，1951 年日本颁布了专门的《民事调解法》。

从 21 世纪起，受国际 ADR 改革的潮流影响，日本也开始推进司法改革的议题。2003 年，日本对《民事调解法》进行了修订，给律师调解赋予了一定的法官职能；2004 年，日本通过了《诉讼外纠纷解决程序促进法》，并于 2006 年正式实施，对民间调解等 ADR 机制进行了规范；2019 年，日本又对《诉讼外纠纷解决程序促进法》进行了更新调整，对民间 ADR 机构进行了更进一步的规范。目前，日本的调解制度类型繁多而详尽，依据调解主体的不同可分为以下三类：

第一，司法调解制度，也称法院附设调停制度。[③] 所谓司法调解，即由有司法审判权力的司法机关担任调解人。在日本，司法调解的职能机关主要为裁判所，裁判所以调解委员会或法官个人作为调解人进行调解。此外，在日本的司法调解制度中，家事调解制度占据重要地位。日本对家事纠纷有调解

---

① 齐树洁：《日本调解制度》，《人民调解》2020 年第 6 期，第 57—59 页。
② 李英：《日本的 ADR 制度及其对我国的启示》，中国政法大学 2014 年硕士学位论文。
③ 张艳斐、高翔：《日本法院附设调停制度与我国法院调解制度的比较研究》，《法制与社会》2007 年第 2 期，第 378—379 页。

程序前置的要求，其可由当事人申请或法院依职权适用。[①]

第二，行政调解制度。所谓行政调解，即由行政机关主持当事人之间的调解工作。日本的行政调解制度较为发达，主要表现在众多领域内的行政机构均提供 ADR 服务，民众认可度较高。目前，日本主要的行政调解机构包括日本国民生活中心、医疗纠纷相谈中心、环境争议调解委员会等。首先，国民生活中心是日本消费者厅下属的独立行政法人，主要负责解决日本的消费者纠纷。其下设的纠纷解决委员会作为调解机构，负责受理当事人提交的消费者纠纷调解申请。需注意的是，国民生活中心的调解程序须由双方当事人均同意方能进行。其次，日本在医疗领域内也建立了行政调解制度。由于医疗领域高度的专业性、复杂性，日本的医疗相谈中心的调解程序分为两步：相谈和调停，即可由医疗领域的专业人员对当事人及事实情况进行了解、提供咨询，再展开调解工作。最后，日本在中央层面的环境争议调解委员会与各地方的污染审查委员会，对与环境污染相关的争议进行调解。

第三，民间调解制度。所谓民间调解，即指由民间团体或机构主持调解。民间调解机构可自发建立，也可由政府支持建立，但无论哪种方式，均需要向政府部门申请。根据日本的《诉讼外纠纷解决程序促进法》，民间调解机构需有具备相应技能的调解员、有完善的调解程序制度，方可获得相应批准。民间调解机构对案件负有保密义务，当事人须共同缴纳调解费用，且调解协议不具备强制执行力。由于民间调解规则完备，其发展较为快速，成为日本调解制度中至关重要的部分。

---

① 戴璇璇：《日本 ADR 制度新发展述评》，《东南司法评论》2019 年第 12 期，第 503—512 页。

六、其他国家调解制度概述

在亚洲国家与地区中，新加坡的调解制度起步较早、发展较快，具有一定的参考价值。20世纪90年代，随着世界各国都开始了轰轰烈烈的ADR改革，为了顺应趋势，新加坡展开了司法制度改革，建立调解制度：1994年新加坡修订《民事诉讼法》，并于1999年发布《法庭规则》。同时新加坡也开始设立不同类型的调解部门与机构，包括1995年设立的法院调解中心（即初级纠纷化解中心）、1997年设立的新加坡调解中心、1998年开始建设的社区调解中心、2014年设立的新加坡国际调解中心及2015年设立的国家法院纠纷解决中心。目前新加坡的调解制度与英、美较为接近，即重视调解制度的职业化与市场化，从单一的法院附设调解制度逐步转向了法院、民间调解并存的综合调解制度。此外，随着互联网应用的普及，新加坡初级法院自2000年开始采用电子调解，处理消费者争议、合同争议、知识产权争议等纠纷。

随着苏联的解体、俄罗斯经济政治体制的重构，俄罗斯也迎来了司法制度的改革。从1991年至2010年间，俄罗斯的司法制度改革重点都放在了法院的诉讼程序上，忽视了调解制度等非诉纠纷化解机制的发展；[1]直到2010年左右，俄罗斯才正式开启调解制度的建设，其主要标志为2011年《调解人员参加的争议解决程序（调解程序）法》与《俄罗斯联邦调解法》的颁布。目前俄罗斯的调解制度尚在发展之中，主要类型包括法院调解、法院附设调解及民间调解等。除了劳资纠纷、家事纠纷等特殊案由外，俄罗斯主要采取自愿性调解；但法院认为案件适合调解时，可以采取一定的必要措施，引导当事人进行调解。除此之外，俄罗斯对调解员的选任也有着较为完善的规定，

---

[1] 方俊：《俄罗斯调解制度新发展述评》，《司法改革论评》2014年第1期，352—363页。

主要包括：调解员的选任是基于当事人之间的合意；要求调解员年满 25 岁、具备大学学历且经过专门的调解培训，且调解员需经过调解培训中心的培训与考核方可获得认证；调解员不具备强制性的权限，仅能引导当事人达成和解。俄罗斯也建立了一系列调解促进机制，包括诉讼费用罚则、特定纠纷的强制性调解等。

墨西哥作为拉美文化圈中的重要国家，素来有民间调解的文化传统。直到 20 世纪末，快速上升的诉讼成本逼迫墨西哥政府寻求司法制度的转变，并考虑调解制度的应用。墨西哥的调解制度立法工作是自下而上进行的，各州先行展开立法实践，如 1997 年昆塔纳罗州、1999 年克雷塔罗州制定了与调解相关的法律，这些法律于 2008 年被国家纳为宪法性规定。[1] 从总体上看，墨西哥的调解制度呈现明显的差异化与多元化，主要表现在：第一，由于墨西哥的调解制度是自下而上进行的，因此各州之间调解制度完备性、调解机构水平等均具有明显差异；第二，由于多民族特征与历史遗留问题，墨西哥在继承外来调解制度经验的同时，充分结合国情，使得调解类型多样化又具特色。其中最为独特的就是墨西哥原住民调解制度，即调解制度需结合当地原住民的文化习俗，调解员也可以不经过国家认证，符合原住民"光荣人士"的标准即可。[2]

---

[1]　占强：《墨西哥调解制度发展简评》，《东南司法评论》2017 年第 10 期，第 582—592 页。
[2]　齐树洁：《墨西哥调解制度》，《人民调解》2020 年第 3 期，第 59—61 页。

第二章

chapter 02

律师调解现状

第一节 律师调解的现行规定

一、律师调解的概述

律师调解是指律师、依法成立的律师调解工作室或者律师调解中心作为中立第三方主持调解，帮助纠纷双方当事人通过自愿协商达成协议、解决争议的活动。律师调解作为替代性纠纷解决机制的其中一种途径，在化解民间纠纷、宣传法律法规和政策、反映社情民意中扮演着重要角色。

2016 年 6 月 28 日，为贯彻落实《中共中央关于全面推进依法治国若干重大问题的决定》，以及中共中央办公厅、国务院办公厅《关于完善矛盾纠纷多元化解机制的意见》，最高人民法院印发《关于人民法院进一步深化多元化纠纷解决机制改革的意见》（法发〔2016〕14 号），首次提出推动律师调解制度建设，确定律师特邀调解员名册，探索建立律师调解工作室，充分发挥律师专业化、职业化优势，完善律师调解员相关规章制度，倡导通过非诉讼方式解决纠纷。

2017 年 9 月 30 日，最高人民法院、司法部印发《关于开展律师调解试点工作的意见》（司发通〔2017〕105 号），确定在北京、上海、浙江等 11 个省

（直辖市）开展律师调解试点工作，提出了律师调解的指导思想及基本原则，还提出四种律师调解的工作模式，细化相关的调解工作机制，其中首次提出律师调解的收费问题，探索通过有偿和低价的方式向双方当事人收取调解费的基本导向。

2018年12月26日，最高人民法院、司法部印发《关于扩大律师调解试点工作的通知》（司发通〔2018〕143号），决定律师调解的试点工作扩大至全国，并进一步提出了以市场化方式开展律师调解，探索建立与各地经济发展水平相适应的以市场调节价为基础的律师调解业务收费机制。

各地在此基础上均开展了律师市场化调解的尝试。以杭州地区为例，2016年8月，杭州市律师协会在杭州市司法局的指导下成立了全国首个以律师为主体的专业性调解组织——杭州律谐调解中心，旨在建立多元化纠纷解决机制，将社会矛盾引导分流，为社会和公众提供便捷、低成本的调解服务，把争议化解在基层，为推进杭州多元化诉源治理新模式提供了组织保障。此后，杭州律谐调解中心开展多次律师调解员业务培训，制定了章程、管理办法等相关规章，建立了一套规范化工作制度，并开展律师调解员驻点法院参与调解工作。2019年5月，杭州律师调解员完成杭州市首例当事人委托并付费的市场化律师调解案件，为全面推进律师调解市场化建设提供了可借鉴的工作经验。2020年，杭州律谐调解中心通过"浙江ODR在线矛盾纠纷多元化解平台"开展线上律师调解工作。2021年，最高人民法院复函浙江省高级人民法院，司法部复函浙江省司法厅，同意在杭州市中级人民法院开展市场化解纷机制试点工作，要求杭州市司法局、杭州市律师协会和杭州市中级人民法院密切配合，协调推进杭州市律师调解市场化试点工作。同年年底，杭州律谐调解中心着手开展专职律师调解员进驻基层法院（法庭）专项工作。2022年，杭州市司法局发布了《杭州市律师调解市场化工作推进方案》，要求全市各地有序推进律师调解市场化工作。

二、律师参与调解的方式

（一）作为代理人参与个案调解

律师开展正常委托代理业务时，作为代理人参与个案的和解、调解等，该种参与方式并非真正意义上的律师调解。在此种情况下，律师并不是以中立第三方的身份向双方当事人提供调解服务的，而是通过代理人身份引导当事人通过非诉讼方式妥善解决纠纷。

（二）人民调解组织中的律师调解

人民调解委员会为群众提供个案指导、法律咨询、案件调解等服务，且不收取任何费用。律师往往以兼职人民调解员、调解顾问等身份参与到人民调解中来，积极投身基层矛盾纠纷的化解。

（三）法院、仲裁、行政中的律师调解

人民法院通过诉调对接等方式将纠纷引导至特邀调解组织、特邀调解员，开展调解工作。以杭州市中级人民法院为例，杭州市中级人民法院目前与杭州律谐调解中心、杭州市中小企业协会、浙江证券业协会、中国国际贸易促进委员会、杭州市公证协会、杭州市旅游委员会等20余家机构建立特邀调解关系，并设置专项经费适当补贴调解工作。

各地仲裁机构纷纷成立仲裁调解中心，在审理仲裁案件时，积极通过调解方式处理纠纷。律师是各地仲裁员当中的重要力量，当调解员身份与仲裁员身份重合时，基于仲裁管辖的前提，案件可以在仲裁机构得到一站式解决，快速高效地处理纠纷。

近年来，各基层政府稳步推进社会治理中心建设，不断完善区、街道、社区（村）三级矛盾调解体系。同时各职能部门也根据管理特点，通过市场采购调解服务，借助社会专业力量化解纠纷。律师通过入选调解员名册或组成调解团队的方式为上述主体提供调解服务。

（四）行业协会中的律师调解

行业协会在主管单位的指导下，内部设置调解机构，对本行业的纠纷进行调解，并通过会费收取或财政补助等方式适当保障调解经费。以浙江证券业协会为例，协会成立了处理证券纠纷的调解专业委员会和调解中心，有公益律师调解员若干名。他们帮助解决浙江省辖区内的证券纠纷，是行业协会多元解纷工作中的重要力量。

（五）调解机构中的律师调解

此类调解是指双方当事人自愿向调解组织申请调解服务的调解。调解服务主要分为以律师为主导提供的调解服务及由独立商事调解机构提供的调解服务。

根据《关于开展律师调解试点工作的意见》，律师调解是指律师、依法成立的律师调解工作室或者律师调解中心作为中立第三方主持调解，协助纠纷各方当事人通过自愿协商达成协议、解决争议的活动。如前所述，杭州市律师协会根据上述文件，设立了杭州律谐调解中心，以及律师调解工作室，杭州千名律师调解员通过调解中心及律师调解工作室对外提供有偿调解服务。

目前，就调解案件来源、调解流程、调解专业度等方面来说，此类调解与人民调解有所不同，我国市场化的商事调解服务也尚处于探索阶段。

第二节　律师参与调解的困境

一、公益性调解的局限性

　　一方面，在目前律师参与调解的方式中，公益性调解占比较大，而公益性调解难以成为律师长期、深入从事调解工作的方式。律师服务具有商业属性，这与公益性调解的零收入、低补贴模式存在固有矛盾。目前公益调解组织主要通过聘任兼职律师调解员等方式开展调解，整体调解力量薄弱，无法满足日益增长的纠纷调解需求。另一方面，人民调解、行业调解等公益性调解又在一定程度上限制了律师市场化调解的发展。因为在有免费的调解资源可以使用时，当事人往往不愿意选择付费调解。

二、律师市场化调解影响力欠缺

　　目前大多数当事人仍然倾向于通过诉讼或者仲裁等传统方式解决纠纷。同时，目前律师市场化调解难以得到当事人的信任，双方当事人往往会对律师调解的客观、中立持怀疑态度，因此即便当事人发生纠纷时选择调解，也会倾向于将纠纷提交至法院或者人民调解组织调解。律师市场化调解相比于法院调解或者人民调解，缺少国家公权力的认可，在社会公众中缺乏影响力及公信力。

三、案件数量较少，专业匹配度不强，调解收费困难

由于律师以市场化方式参与调解的影响力尚有限，当事人自愿、主动申请调解的案件较少。以杭州律谐调解中心为例，杭州律谐调解中心在法院及司法局的指导下开展律师市场化调解的试点工作，其律师市场化调解的案件很多是法院引导类案件。在杭州律谐调解中心开展专职化调解之前，各个法院分配到调解中心的案件数量不同，调解员擅长调解的领域不同，诉调对接机制存在不足，导致未能做到精准分案，律师市场化调解专业匹配度较低。对于当事人申请调解的案件，由于无权威的律师市场化调解收费标准或者指导性意见，调解收费相对困难，律师也不敢直接按照律师服务收费标准收取调解费用。

2023 年，杭州市中级人民法院、杭州市司法局、杭州市律师协会在律师市场化调解方面做出了很多大胆的尝试，创新性地开展了专职调解制度，在引导当事人通过低价、有偿的调解服务解决纠纷的同时，也不断优化诉调对接工作，倡导主动履行，做到真正案结事了。

四、司法确认存在诸多障碍

虽然《民事诉讼程序繁简分流改革试点实施办法》对调解工作的相关流

程及调解协议的司法确认做出了规定，同时《中华人民共和国民事诉讼法》在 2021 年修正时扩大了对调解协议司法确认有管辖权的法院的范围，[①]但是实践中调解协议的司法确认依然存在障碍。一方面，由于担心存在虚假调解等风险，法院对于律师市场化调解协议的司法确认存在畏难情绪，不敢进行司法确认。另一方面，由于司法确认的管辖规定是原则上由调解组织所在地、当事人住所地、标的物所在地基层人民法院管辖，这可能会与诉讼管辖的规定产生冲突，大大增加基层人民法院的工作负担。同时，《中华人民共和国民事诉讼法》第二百零五条规定的申请司法确认时间为调解协议生效之日起三十日，而案件调解的履行期往往大于三十日。尽管调解案件可能存在大量可以自动履行的情况，但申请时效的限制以及司法确认备案制的缺失，可能导致法院司法资源的浪费。

五、律师传统受托人身份与调解员身份的冲突

首先，除接受当事人委托代理参与调解外，在律师调解中律师是中立第三人，其身份与传统律师存在根本性的差异。传统委托代理业务中，律师的重心在于合法地最大化地争取客户的利益。但是作为律师调解员，需要以充分化解纠纷、实现双方当事人利益最大化为目标，并且要跳脱于单一的法律适用，从情、理、法等多个层面展开调解。

此外，这种身份的冲突还可能体现在与法院、法官的关系中。在传统案

[①]　《中华人民共和国民事诉讼法》第二百零五条规定："经依法设立的调解组织调解达成调解协议，申请司法确认的，由双方当事人自调解协议生效之日起三十日内，共同向下列人民法院提出：（一）人民法院邀请调解组织开展先行调解的，向作出邀请的人民法院提出；（二）调解组织自行开展调解的，向当事人住所地、标的物所在地、调解组织所在地的基层人民法院提出；调解协议所涉纠纷应当由中级人民法院管辖的，向相应的中级人民法院提出。"

件中，法院原则上不得与诉讼代理人有任何不当的沟通，不得透露案情或就案件进行讨论。但在律师调解中，律师可以且应当在调解过程中与法官沟通同类案件的司法裁判思路，做到真正案结事了，避免产生新的纠纷。

综上，尽管现阶段律师调解存在诸多困境，但律师的专业性使其在调解中具有独特的优越性。专业的律师能迅速地明确当事人之间的争议焦点，较为准确地评估法律后果以供参考，调解效率高、质量佳。此外，律师调解可以减轻法院审理案件的压力，大大节约司法资源。总体而言，律师市场化调解存在巨大的发展空间。

第三章

chapter 03

律师调解制度的构建

第一节　律师调解制度的发展

一、律师调解制度发展的基础

（一）先行调解的逐步推广

先行调解是指案件在正式进入法院民事诉讼审理之前就双方之间的民事纠纷进行的调解。虽然理论界对先行调解的内涵存在不同理解，但本书所述先行调解是指法院正式立案前的调解，是非诉讼调解。先行调解起初仅仅是笼统的法律规定，并无成熟的制度设计，在很长一段时间里并未发挥出应有的作用。在经过较长时间的探索之后，先行调解制度才得以逐步推广，这个过程大体可以分为三个阶段。

首先是试点阶段。2012年，民事诉讼法修订过程中首次引入先行调解。根据《中华人民共和国民事诉讼法》（2012年修正）第一百二十二条，"当事人起诉到人民法院的民事纠纷，适宜调解的，先行调解，但当事人拒绝调解的除外"。这是我国首次通过正式立法的形式将先行调解加以规定，在我国调解制度逐步完善的道路上具有里程碑式的意义。但实践中法院并未大规模开展先行调解，调解工作仍然以立案后的委托调解为主。直到 2016 年，先行调解在全国范围内都很少被适用。2016 年 6 月，最高人民法院出台《关于人民法院进一步深化多元化纠纷解决机制改革的意见》，明确了人民法院充分发挥司法在矛盾纠纷多元化解机制中的引领、推动和保障作用。随后，多地法院开展深化多元化纠纷解决机制改革试点。在试点阶段，人民法院一般在当事人递交起诉材料时征求其意见，同意先行调解的，导入诉前调解，以诉前调解方式立案；不同意先行调解的，转为正式立案。在试点期间，由于缺乏对当事人先行调解的充分释明与积极引导，试点阶段先行调解率较低。

其次是推广阶段。为进一步落实纠纷的先行调解，人民法院明确了"以导入诉前调解为原则，不导入为例外"的方针，扩大先行调解的适用范围，对当事人向法院起诉的全部民事纠纷，除法律规定不能调解或不宜调解的以外，在登记立案前，先行引导进入诉前调解程序。对于当事人拒绝调解的，法院加强对其纠纷调解的引导，尽可能在诉前解决纠纷，避免过多案件进入诉讼。2018 年以来，各级法院在试点法院探索实践的基础上全面开展先行调解工作，民事案件诉前调解率有了极大提高，但调解成功率较低。

最后是完善阶段。调解成功率较低主要系当事人拖延调解、消极调解、拒绝调解等导致。人民法院更新审判理念，发挥诉讼费用、律师费用杠杆作用，开通司法确认绿色通道，通过切实降低当事人维权成本，提高纠纷解决效率等方式，进一步发挥先行调解优势，树立先行调解在当事人中的公信力，提高先行调解的影响力。

正是经过这三个阶段的逐步推广和完善，先行调解已在全国范围内确立，成为我国多元化纠纷解决机制中不可或缺的一环。先行调解的案件，可以由法官调解，也可以采用社会化调解，委托调解组织进行调解，减轻法院的负担。这为律师调解发展提供了巨大的空间。

（二）司法确认程序的逐步完善

《中华人民共和国民事诉讼法》第二百零五条规定："经依法设立的调解组织调解达成调解协议，申请司法确认的，由双方当事人自调解协议生效之日起三十日内，共同向下列人民法院提出：（一）人民法院邀请调解组织开展先行调解的，向作出邀请的人民法院提出；（二）调解组织自行开展调解的，向当事人住所地、标的物所在地、调解组织所在地的基层人民法院提出；调解协议所涉纠纷应当由中级人民法院管辖的，向相应的中级人民法院提出。"根据上述规定，先行调解协议司法确认的地域管辖可以分两类情况确定。第一类是针对法院委托调解组织进行先行调解的案件，即由人民法院转办或者委托的案件，实务中一般指人民法院已通过诉前调解方式立案的案件，此类案件调解协议是由受理诉前调解案件的法院管辖，该院审查完毕全部材料后进行司法确认。第二类是针对调解组织自行开展调解的案件，当事人住所地、标的物所在地、调解组织所在地的法院均具有管辖权。这一规定有利于全国性、跨区域性调解案件的处理，例如：全国妇联设立的相关婚姻家事的调解组织，可以进行异地调解和异地司法确认，具有更强的灵活性和便利性。除此之外，上述规定还明确了先行调解协议司法确认的级别管辖，如果调解协议所涉纠纷应当由中级人民法院管辖，应向相应的中级人民法院申请司法确认。至于调解协议所涉纠纷是否应当由中级人民法院管辖，则应当参照《中华人民共和国民事诉讼法》第十九条的规定确认；同时，第二百零六条对申请司法确认的情形、效力进行了规定。

综合上述规定可知，司法确认需要由双方当事人自调解协议生效之日起三十日内共同向上述有管辖权的人民法院申请，根据调解协议是否符合法律规定可以分为两个结果：对于符合法律规定的先行调解协议，由法院出具裁定书，裁定调解协议有效。调解协议经法院司法确认后具备强制执行力，如果一方怠于履行或者不完全履行调解协议，另一方有权向人民法院申请强制执行。对于不具备法定要件的调解协议，由法院裁定驳回当事人的司法确认申请。此时当事人可以再通过调解重新签署调解协议，或就该纠纷向人民法院提起诉讼。司法确认制度的不断完善，使得在律师主持之下双方当事人达成的调解协议有了充分保障。

二、律师调解的发展趋势

（一）适用纠纷类型多样化

目前，律师调解主要应用于家事纠纷等领域，在劳动纠纷、知识产权纠纷、环境纠纷、医疗纠纷等领域律师调解也大有可为。如在商事纠纷领域，相比于传统的仲裁或诉讼方式，律师调解更加灵活、快捷，同时也更加经济，能够为企业节省大量的时间和金钱成本，为有效化解日益增多的商事纠纷、营造和谐的经贸环境发挥重要作用。

（二）调解规则严格化

目前，律师调解尤其是市场化调解尚在试点阶段，与法院诉讼、仲裁等传统纠纷解决机制相比缺少明确的法律规定，律师调解往往被放在《中华人民共和国人民调解法》的大框架之下被规范。由于缺乏明确规范和监督制约机制，容易出现损害当事人合法权益或虚假调解等问题，需要构建完善的法律框架，规范律师调解程序，尽可能确保律师调解的公正性。

（三）调解员的专职化

调解员是一个需要通过专业的能力以中立的态度，促使当事人在平等协商基础上自愿达成调解协议，解决纠纷使得双方当事人利益最大化的职业。

专职调解员是指在民事、劳动争议等领域中，具备专业法律知识和丰富实践经验的人员，其受当事人邀请，从事调解工作。他们具备丰富的法律知识和实践经验，掌握了一定的调解技巧和方法，能够为当事人提供专业的调解服务，促进纠纷的解决。专职调解员可以是律师、公证员、基层法律服务工作者等法律职业人员，也可以是退休法官、企业家、社会工作者等具有丰富实践经验的人员。

专职调解员在民事、劳动争议等领域中发挥着重要的作用，他们能够运用专业的法律知识和实践经验，为当事人提供专业的调解服务，促进纠纷的解决，维护社会和谐稳定。同时，专职调解员还可以通过调解工作，提高当事人的法律意识和素质，增强社会公众对法律的信任和认同，促进法治社会的建设。因此，调解员的专职化可以最大限度地保证调解的效率及调解结果的公平公正，在化解社会矛盾、促进社会和谐方面发挥不可替代的作用。

（四）律师调解专业化

普通的人民调解已经无法满足社会矛盾多元调解的需求，律师本身已经过专业的系统学习，拥有了丰富的法律知识和实践经验，能够为当事人提供专业的调解服务。律师调解员的专业性主要体现在三方面。第一是专业知识方面的专业性，除需有律师执业资格外，律师调解员应当根据其专业领域划分开展调解，比如民事纠纷、劳动争议等领域，又比如证券、银行、物业、建设工程等不同行业。第二是身份专业方面的中立性，律师调解员应当运用自己的专业能力中立评判案件，从当事人利益最大化的角度出发找到矛盾双方利益的平衡点并提出相应的调解方案。第三是综合能力方面的专业性，律师调解员还需具备法律之外的专业技能，比如心理学方面的专业知识，应当能够顺利捕捉双方的矛盾点，以同理心理解双方的心理变化；比如税务方面的知识，应当能够充分理解相关疑难点，对症下药。专业的调解要求调解员不仅要做好单案的调解，而且要根据实际情况定分止争，做到真正的案结事了。

律师调解的普及需要律师在法律专业能力的基础上，具备专业的调解技巧和知识。因此，培训和专业化方面的发展将成为重要的趋势，以确保律师具备良好的调解能力。

（五）律师调解的数字化

随着科技的发展，律师调解可能会更多地采用数字化和在线平台来进行调解。这将有助于提高效率、降低成本，并为当事人提供更便捷的解决方案。

在线调解平台的建设和发展，使得当事人可以在任何时间、任何地点通过互联网进行调解。这种方式不仅可以提高调解的效率，还可以降低调解的成本。对于律师来说，采用在线调解平台可以更加方便快捷地处理案件，避免了传统调解方式中需要面对面沟通的烦琐程序。同时，采用在线调解平台还可以为当事人提供更加便捷的解决方案。在传统的调解方式中，当事人需要前往调解组织或者法院进行调解，这会耗费大量的时间和精力。而通过在线调解平台，当事人可以在任意的时间和地点进行调解，大大提高了便捷性。然而，采用在线调解平台也存在一些挑战和问题。例如，如何保证当事人的隐私和安全，如何确保调解过程的公正和透明，等等。因此，在采用在线调解平台时，需要选择可信赖的平台，并确保调解过程的合法性和规范性。

总之，采用数字化和在线平台来进行律师调解将会是未来争议解决领域的发展趋势。这将有助于提高效率、降低成本，并为当事人提供更便捷的解决方案。同时，需要确保采用在线调解平台的合法性和规范性，保障当事人的权益。

（六）律师调解的合作化

目前各级法院与各行业协会、人民调解委员会等很多特邀调解组织建立了诉调合作机制，对诉讼过程中的纠纷案件进行调解。而这些调解组织很多属于公益性质，有限的调解资源无法满足日益增长的调解需求，特别是针对群体性案件，比如针对物业纠纷、保险纠纷、证券纠纷等的调解。应推动各行业特邀调解组织与律师调解组织之间建立合作关系，开展业务培训、法律援助、调解机制建设、调解宣传等方面的进一步合作，让律师有机会深入行业内部发挥更大的多元解纷作用，探索建立公益调解与市场化调解的有机结合机制，扩大律师调解的公信力及影响力，积极推动相关纠纷矛盾预防和源头治理工作，有效预防与化解社会矛盾。

（七）调解实践的应用

关于开展律师调解制度的实践证明，律师调解工作不仅能够在最大限度维护当事人合法权益的同时缓解社会矛盾、维护社会公平正义，更在节约司法资源与诉讼成本方面扮演着重要角色。此外，随着社会的发展，人民群众对自己权益的捍卫意识逐渐增强，法治思想逐步提升，这就需要加强律师调解在其中发挥的作用。

随着社会发展和法治建设的推进，人们的纠纷解决观念逐渐发生了变化，越来越多的人开始寻求更为高效、公正、和谐的解决方式。律师调解作为一种非诉讼解决方式，具有灵活、便捷、低成本等特点，逐渐得到了公众的认可和青睐。

在实践中，律师调解可以应用于各种类型的纠纷，给各方当事人提供多样化、个性化的调解服务。律师调解的应用范围不断扩大，其在解决纠纷中的作用也日益凸显。

随着公众对非诉讼纠纷解决方式认知的提高，律师调解可能会受到更多当事人的青睐。律师专业调解在配合各部门化解更多社会矛盾的同时，在纠纷解决中的认可度也会不断提高。良好的口碑是宣传和推广律师调解最好的方式。

第二节　律师调解的路径构建

一、律师调解的引导及选择

（一）律师调解存在的问题

律师市场化调解影响力欠缺。目前社会中的传统观念还是通过诉讼方式解决纠纷，部分会选择仲裁，有的人认为律师是代表一方当事人承担委托代理工作的，这导致了律师在调解中的中立性受到质疑。而当事人发生纠纷时，也会倾向于将纠纷提交至法院或者人民调解组织调解，甚至很多人并不知道律师调解。律师市场化调解相比于法院调解，没有国家公权力的介入，在社会公众中缺乏影响力及公信力。

（二）加强引导及选择是打开律师市场化调解的必经之路

第一，从律师本身来看，在担任代理人身份时本身深度参与纠纷，无论是担任哪一方的当事人代理人，均可以积极加强对纠纷双方的引导与教育，引导各方通过律师调解方式解决纠纷。当纠纷发生时，针对具体的争议案件引导通过律师调解解纷；当纠纷未发生时，在当事人之间的合同或协议中引入律师调解解决纠纷条款，如"本合同争议协商不成的，应当将争议提交至调解中心进行调解，调解不成再提交至原告住所地有管辖权的人民法院通过诉讼解决"，积极在当事人中倡导通过律师调解解决纠纷。

第二，从行业组织来看，应当加大对调解解纷方式的宣传，引导行业会员在规范化文本、制度中增加律师调解解纷条款；贯彻先行调解或调解前置程序，支持当事人优先通过调解程序解决纠纷；加大采购力度，加强合作机制，通过政府采购途径或者引导会员支付调解费用等方式，使得纠纷双方能够在前期深刻感受到律师市场化调解的优势，进一步扩大调解范围。

二、数字化调解平台的建设

（一）在数字化调解平台进行调解时存在的问题

律师专业调解的优势在于其较高的纠纷解决效率以及相对低廉的调解成本，这也是调解相对于诉讼更有优势的地方。随着数字化的发展，线上平台成为律师调解的重要助力。现有在线调解平台不统一，律师调解员以及调解组织需要根据现实情况在不同的调解平台进行注册。同时，可供选择的调解平台较多，反而易使调解员混淆。另外，不同平台的调解功能不尽相同，无法满足各类型的调解需求。

（二）律师调解数字化建设的重要模块

1. 数字化调解平台的基本要求

第一是合法性原则，即双方之间待调解的纠纷应当符合法律规定，是真实存在的纠纷，否则存在虚假调解的可能性。调解平台需要具备实名化功能，确保做调解系双方当事人真实意思表示。第二是保密性原则，各方之所以愿意通过调解方式解决双方的纠纷，很大程度上是为了减少对双方当事人相关利益的影响，故调解平台必须保证数据安全。第三是便利性原则，为提高调解效率，在确保程序合法的情况下，数字化调解平台应赋予调解员、双方当事人更多操作的空间并提供操作的便利。

2. 数字化调解平台的功能设置

第一，确保调解平台功能的完善性。调解平台在设计基本的线上视频调解、确认笔录、签署协议、申请司法确认功能时，应当增加在线签署文书、在线送达文书等设置，允许当事人错时开展调解，以线上电子签署调解笔录、调解协议等方式开展书面调解；增加即时聊天功能，允许调解员与双方当事人实时聊天，并对实时聊天记录进行保存。

第二，赋予调解组织或调解员合理的操作空间。简化调解流程，充分考虑调解当事人的便利性，在调解过程中扩大调解员、调解组织必要的操作权限，比如同意当事人实时提交证据材料，同意调解员代为上传或删除调解材料等，以便调解员在调解过程中及时完善信息。同时，在调解完成后，对调解组织或调解员的操作空间进行限制，避免调解信息丢失或被修改。

第三，完善与法院诉讼平台、仲裁平台的衔接。调解协议的签署并不是纠纷解决的最后一步，只有各方当事人按调解协议履行了全部的义务，纠纷才能真正做到了结。一键式提交司法确认或提交诉讼、仲裁，可以使双方当事人的权利得到最终保障。

第四，尝试建立统一的调解平台，有效解决线上平台建设经费问题，以及调解软件逻辑基础不科学、系统不稳定、修改程序错误慢、工作效率低、软件更新跟不上调解工作的提升步伐等问题，有效分流调解案件，提高调解专业化匹配程度。

目前在杭州地区，浙江省高级人民法院已经开设浙江解纷码调解平台，统一对法院诉前调解案件进行分流，并且允许当事人自行通过该平台申请调解，但该平台尚有部分内容需要完善，比如市场化调解的调解费用支付问题、与仲裁平台的衔接问题等。

三、诉调对接机制的建立

（一）诉讼与调解的对接问题

《民事诉讼程序繁简分流改革试点实施办法》与《中华人民共和国民事诉讼法》对调解工作的相关流程及调解协议的司法确认进行了规定。浙江地区法院也在积极通过诉前调解方式向律师调解进行案件引流，但实践中律师调解的司法确认工作依然困难重重，突出表现在市场化调解案件上。如第二章第二节所述，司法确认目前存在很多障碍。

（二）律师调解与法院诉讼的有机衔接

（1）加强数字化诉调对接平台的建设，将调解平台与诉讼平台进行有效衔接。如杭州地区，对于诉前调解案件，法院主要通过浙江解纷码调解平台、中国（杭州）知识产权·国际商事调解云平台两大平台将其引导到各位律师调解员手中。律师调解员完成调解后，案件回流至委派法院，进行司法确认。

（2）加强对律师调解组织以及律师调解员的审核。建议以各地律师协会审核、司法局同意、人民法院备案的方式严格规范调解员的选任。

（3）寻求法院司法确认与调解协议自动履行之间的平衡。需要明确的是，司法确认并非调解的必要程序，其只是保障当事人合法权益的、可供选择的救济途径之一。事实上，司法体系并不提倡和鼓励过多的非必要的司法确认，如果能够使得当事人自动履行调解协议，则无须向法院申请司法确认和强制执行。探索建立司法确认备案制，对无法自动履行的调解协议进一步采取司法确认，保障当事人权益，消除当事人顾虑。

（4）配置专门的人员力量，保障律师参与调解工作。建议法院配备专门人员对接律师调解工作，负责案件引流、业务指导、司法确认等与律师调解相关的衔接、联系工作。

（5）在律师市场化调解开展过程中，司法确认存在一定障碍。建议在对法官的考核标准上，充分考虑司法确认案件的办理情况，同时探索建立对律师调解的司法确认案件法官免责的制度。法院、司法行政部门、律师协会共同推动调解培训，提高律师调解员识别虚假调解案件的能力，推动探索建立律师调解服务执业保险制度，减少虚假调解风险。

四、仲调对接机制的建立

（一）仲裁与律师调解的对接问题

仲裁以双方之间存在书面有效的仲裁协议为前提，且仲裁需要收取相关仲裁费用，而司法确认不需要收取诉讼费，因此在律师市场化调解收费的前提下，往往会加重调解双方负担。同时，仲裁员人数相对较多，其有相对较多的专业人员可以开展调解工作，故仲裁与律师调解的结合性较差。

（二）律师调解与仲裁的有益探索

（1）探索建立仲裁费用优惠制度。对于批量化调解且双方当事人有司法确认需求的案件，由于法院司法确认存在客观障碍，可以通过对仲裁费用给予优惠的方式，引导一部分案件进行仲裁调解确认，以取得具有强制执行力的裁判文书。

（2）建立仲调合作机制。做好调解组织与仲裁委员会的长期合作工作，充分利用双方优势，最大化利用现有资源开展调解工作，高效专业地解决社会纠纷。

五、有关商事调解立法的相关建议

通过诉讼或仲裁解决商事纠纷，时间成本高、程序复杂，且更易使双方处于对立情绪，导致矛盾激化。而调解有利于引导双方平和地处理纠纷，高效便捷，同时也能够为各市场主体提供更多合作机会，避免因为一次诉讼或仲裁，结束双方的合作关系。我国商事调解制度尚未有配套法律法规出台；调解制度对人民调解与商事调解并未做区分，虽最高人民法院已经出台相关规定优化司法确认程序，但是相关程序对于商事调解制度的发展推动有限。因此应当加快商事调解制度的立法，对商事调解的范围、调解组织的设立与管理、调解员的选任、调解程序、调解协议的效力及执行、法律责任等内容进行明确，从法律层面保证调解协议的权威性及有效性。

调解具有低成本、高效率的优点，纠纷各方达成调解协议后，大部分都能按照约定履行，但是若一方未按协议履行己方义务，则另一方需要重新通过司法程序或仲裁程序进行主张，这反而加重了当事人的主张成本。而目前司法确认有一定障碍，因此，建议明确调解协议一经做出即具有强制执行力。调解双方当事人可以在撤销调解协议程序中或在调解协议执行过程中对调解协议提出异议，人民法院在事后监督程序中对于调解协议是否涉嫌虚假调解，或者违反调解法律规定等进行审查，从而维护当事人的合法权益。

第三节　律师调解的规范化管理

在依法调解的框架下，律师调解应当成为多元化解纷的中坚力量。由于没有统一的法律规范，各地在开展律师调解时应当在《中华人民共和国律师法》以及行业监管部门的管理规范上进一步制定规则秩序，包括调解组织的管理办法、调解案件的收结案、调解程序规范、调解员的选任、调解员及当事人的权利义务、调解文书的规范性等，以确保律师调解的公正性、长久性以及有效性。

一、律师调解组织管理办法

律师调解组织主要包括在律师协会设立的律师调解中心以及在律师事务所设立的调解工作室，此类调解组织应当制定调解组织管理办法。同时，为维护律师调解的公正性、中立性，应当加强律师调解组织的设立与调解员选任管理，可以参考各仲裁委员会或公证机构的设立标准，由各地司法行政部门对律师调解组织的设立进行审批，并对其进行管理。

调解组织管理办法是律师开展调解的前提，应当包括以下内容：调解组织开展调解的依据、基本原则，律师调解员基本选任资格要求，调解案件日常管理规范，律师调解员开展工作的基本原则，以及禁止事项，等等。

《调解组织管理办法》参考文本

第一章 总则

第一条 为贯彻最高人民法院、司法部《关于开展律师调解试点工作的意见》，加强和规范对××律师调解工作室的指导管理，充分发挥律师调解的作用，特制定本办法。

第二章 律师调解员资格

第二条 律师调解员实行选任制度，采取"公开、公平、竞争、择优"的原则，按照德才兼备的标准择优选用。

第三条 律师调解员应具备以下条件：

（一）拥护党的领导，遵守宪法和法律，品行良好，乐于奉献，公道正派；

（二）具有一定的法律知识和调解能力，以及较为丰富的律师工作经验；

（三）负责人应具有8年以上执业经验，系××人民法院认可的律师调解员；

（四）执业期间未因执业行为受到过刑事处罚、行政处罚或行业处分；

（五）年龄一般在22周岁以上，60周岁以下，身心健康，能胜任本职工作，有业务专长、特殊贡献的，年龄可适当放宽到65周岁。

第四条 律师调解员的任期为3年，可以连选连任。

第三章 日常管理

第五条　律师调解工作室应建立完整的电子或纸质调解档案，供当事人查询以及供委派、委托机关查阅。

第六条　律师调解工作室应确定专人担任调解秘书，协调落实律师调解员参与调解工作，负责建立调解档案，做好相关辅助记录工作。

第七条　律师调解工作室应加强对调解团队的职业道德和执业纪律教育，定期组织开展专业知识、调解技能等方面的培训，为律师调解员参加调解工作提供条件。

第八条　律师调解工作室不得利用身份便利为律师事务所或所内律师牟取不当利益或进行不正当竞争。

第九条　律师调解工作室的调解场所，应安装摄录设备，有效记录调解过程，并对调解过程录音录像严格保密，不得以直接或间接方式公开。

第十条　律师调解员工作职责：

（一）接受纠纷当事人的申请，调解民事纠纷；

（二）接受法院、行政机关、行业组织移送的调解案件；

（三）认真做好纠纷登记、调解统计和文书档案管理工作。

第十一条　律师调解员调解纠纷，应遵循以下原则：

（一）在当事人自愿、平等的基础上进行调解；

（二）不违背法律、法规和国家政策；

（三）尊重当事人的权利，不得因调解而阻止当事人依法通过其他途径维护自己的权利。

第十二条　实行统一的收案、结案。矛盾纠纷一般应在 30 日内调解处理完毕，并制作相关律师调解法律文书；矛盾可能立即激化的纠纷应及时处理。

第十三条　律师调解员应当遵守调解纪律，在调解工作中不得有以下行为：

（一）徇私舞弊，吃请受礼；

（二）偏袒一方，压制、打击、报复当事人；

（三）故意为难、侮辱、处罚当事人；

（四）泄露当事人隐私或者商业秘密；

（五）以任何理由私自向当事人收费；

（六）其他违反律师调解工作原则的行为。

第十四条 接受委托调解的律师及其所在律师事务所与调解的案件不得存在任何利益冲突。律师调解员系一方当事人的代理人、法律顾问，或律师调解员所在律师事务所系一方当事人的法律顾问单位，以及律师调解员与当事人的代理人属同一律师事务所的，均不得接受该案件的委托调解。其他参照《律师执业行为规范》执行。

律师调解员在接受委托后发现有前述情形的，应主动向行业协会或调解组织说明，自行提出回避。

当事人在调解过程中申请律师调解员回避的，律师调解员应当中止调解；如果当事人愿意继续调解，由律师调解工作室另行指定律师调解员组织调解。

律师调解员不得再就该争议事项或与该争议有密切联系的其他纠纷接受一方当事人的委托，担任仲裁或诉讼的代理人，也不得担任该争议事项后续解决程序的人民陪审员、仲裁员、证人、鉴定人以及翻译人员等。

第十五条 律师调解员在调解全过程中，应对其知悉的当事人的商业秘密、个人隐私等保守秘密，不得向第三方进行披露或不当利用。

第四章 附则

第十六条 本办法由××律师调解工作室负责解释。

第十七条 本办法自印发之日起施行。

二、调解案件收结案制度

完善的收结案制度有利于律师调解活动的高效开展，也能从程序上监督律师调解员的行为规范，使得案件调解合法、合规地进行。完善的档案管理是调解组织开展调解工作时不可或缺的一部分，它不仅影响着调解案件的管理，更影响着律师调解的公正性及权威性。在调解案件档案管理过程中，应当由调解员及调解组织工作人员共同完成案卷的整理，落实好各个责任人的管理职责，做到规范完成档案资料的制作。同时设置专门环境设施或委托有资质的第三方保障案卷的安全，在有条件的情况下，推进电子档案管理工作。如为律师协会设立的调解中心，应当设置专人负责案件管理工作；如为律师事务所设立的调解工作室，应当按照律师事务所承办委托案件的档案规范要求，填写好调解情况登记表（如表 3-1 所示），并根据调解案件特点进行优化和管理。

《调解案件收结案管理制度规范》参考文本

第一章　总则

第一条　为加强 ×× 律师事务所律师调解工作室调解收结案制度的规范化建设和科学化管理，统一 ×× 律师事务所律师调解工作室调解收结案管理工作标准，特制定本规范。

第二章　收结案制度

第二条　接案后，应由承办律师调解员详细填写调解情况登记表，一式两份，其中一份交调解秘书留存备查；由各方当事人同意调解的案件，可视情况填写一份调解情况登记表。

第三条 调解秘书根据调解情况登记表填写的内容，进行利益冲突审查，经审查无冲突的可将调解情况登记表提交。

第四条 承办律师调解员办结案件后，应将调解协议等法律文书送达当事人，并取得送达回证，同时告知当事人行使相关权利的期限及其他注意事项。

第五条 承办律师调解员应当与当事人书面确认调解费用的结算情况。

第六条 承办律师调解员应当依照本规范第三章规定装订档案，之后交调解秘书统一保管，调解秘书应当在档案材料上签收。

第三章 归档制度

第七条 律师调解业务档案按年度和一案一卷原则立卷。跨年度的，应在办结年立卷。

第八条 律师调解员在调解过程中使用的各种证明材料、往来文书、谈话记录、调查笔录、调解记录、调解协议等均要求清晰、明确。

第九条 律师调解业务档案应按照案卷封面、卷内目录、案卷材料、卷底的顺序排列，案卷材料应按照以下顺序排列：调解情况登记表、调解权利义务告知书、调解申请书、当事人主体材料、当事人授权材料、相关证据材料、谈话笔录、调查笔录、调解通知书、调解笔录、调解协议书、司法确认申请书。

第十条 律师调解业务档案应在结案后一个月内整理立卷，并移交调解秘书归档保存。

第十一条 律师调解员应就每件调解案件制作调解情况登记表，载明调解过程和结果，并就当事人不同意调解等情况做详细记录，加盖律师事务所公章，在调解终结后将其中一份于三日内视案件来源移交法院、行政机关或行业组织，另一份整理归档，纳入律师事务所统一管理。由各方当事人同意调解的案件，可视情况整理一份归档，纳入律师事务所统一管理。

第十二条　律师调解业务档案的保管期限有：永久、长期、短期。具体保管期限由立卷人提出意见，报律师调解工作室负责人决定。

第四章　附则

第十三条　本规范由××律师事务所律师调解工作室负责解释。

第十四条　本规范自印发之日起施行。

表 3-1　调解情况登记表示例

×× 律师事务所律师调解工作室调解情况登记表				
案件来源	法院□	行政机关□	行业组织□	当事人申请□
当事人身份信息	申请人		联系电话	
	地址		统一社会信用代码／身份证号码	
	被申请人		联系电话	
	地址		统一社会信用代码／身份证号码	
案件基本情况	立案日期		利益冲突检索情况	
	调解案号		案由	
	标的额（万元）		案件登记费	
	调解案件收费方式		预收案件调解费金额	
	指定调解员		调解秘书	
	提交司法确认日期		调解结案日期	
调解结果	□无法有效联系被申请人、经沟通后当事人不同意接受调解工作室调解、双方当事人一方或者双方书面声明终止调解程序			
	□经调解未能达成调解协议			
	□调解成功，签订调解协议			
	□其他			
调解后工作	调解结果移送回指派机构		是否需要退费	
备注				
此表入正卷，一式两份，一份视案件来源移交法院、行政机关或行业组织，一份纳入律师事务所统一管理归档				

三、调解员管理规范

律师调解与一般的人民调解不同，律师调解员需要更强的专业能力，因此对于调解员的选任，应当设立较为严格的准入标准，加强调解员准入资格审核，并由司法行政部门进行统一管理。调解员的管理规范主要包括调解员的选任、资质，调解员的职责，调解员的行为规范，调解员的回避制度，调解员的培训体系，等等。

其中，调解员的回避制度是律师调解公正、合法最重要的保障，也是推动律师调解长久发展的基石。回避制度的内容应当包括落实利益冲突审查的主体责任，提出回避申请的主体，应当回避的具体情形，发生应当回避的情形时具体的处置措施，以及违反回避制度的相关后果。

调解员的回避制度可以参照仲裁员、公证员回避制度等综合制定。回避制度要求调解员保持中立，相关的回避事项主要是避免调解员可能偏向其中一方当事人导致调解不公。对于律师调解员来说，如何使调解事务与律师代理业务相隔离是重点。律师调解员以及所在的律师事务所不得就调解纠纷接受任何一方的委托代理，也不得向任何一方推荐代理人或提供咨询意见，避免在调解过程中出现损害另一方当事人权利的情形。同时，由于律师调解员职业的特殊性，调解组织可以通过律师行业有关利益冲突规则的相关规定，对律师调解员的规范调解提出要求，对违规调解行为做出处分。

《调解员管理制度》参考文本

第一章 总则

第一条 为贯彻最高人民法院、司法部《关于开展律师调解试点工作的意见》，加强和规范对××律师事务所律师调解工作室律师调解员的指导管理，充分发挥律师调解的作用，特制定本制度。

第二章 律师调解员资格和职责

第二条 律师调解员实行选任制度，采取"公开、公平、竞争、择优"的原则，按照德才兼备的标准择优选用。

第三条 律师人民调解员应具备以下条件：

（一）拥护党的领导，遵守宪法和法律，品行良好，乐于奉献，公道正派；

（二）具有一定的法律知识和调解能力，以及较为丰富的律师工作经验；

（三）负责人应具有8年以上执业经验，执业期间未因执业行为受到过刑事处罚、行政处罚或行业处分；

（四）年龄一般在22周岁以上，60周岁以下，身心健康，能胜任本职工作，有业务专长、特殊贡献的，年龄可适当放宽到65周岁。

第四条 律师调解员的任期为3年，可以连选连任。

第五条 律师调解员应当履行以下职责：

（一）宣传法律、法规、规章和政策，教育公民遵纪守法，弘扬社会公德；

（二）调解民间纠纷，防止矛盾激化；

（三）完成所在法院或行政机关及行业组织委派安排的调解工

作，自觉接受司法行政部门的业务指导。

第六条　律师调解员调解民间纠纷，应当遵循以下原则：

（一）在当事人自愿、平等的基础上进行调解；

（二）不违背法律、法规和国家政策；

（三）尊重当事人权利，不得因调解阻止当事人依法通过仲裁、诉讼等途径维护自己的权利。

第七条　律师调解员在调解工作中不得有以下行为：

（一）偏袒一方当事人的；

（二）侮辱当事人的；

（三）索取、收受财物或者牟取其他不正当利益的；

（四）泄露当事人的个人隐私、商业秘密的；

（五）其他有违法律、律师行业规范或者律师职业道德的行为。

第四章　附则

第八条　本制度由××律师事务所律师调解工作室负责解释。

第九条　本制度自印发之日起施行。

《调解员回避制度》参考文本

第一条　为保证律师调解的公正性及合法性，避免出现由调解员个人导致案件处理结果受影响的情形，调解组织以及调解员应当严格按照本制度开展调解工作。

第二条　律师调解工作室在接受委托调解案件时应当对调解组织以及调解员进行利益冲突审查，发现存在利益冲突情形的，应当及时退回委托或更换调解员。

第三条　调解员在开展调解时发现自己与本案存在利益冲突情形的，应当主动申请回避，不得继续调解该案件。

第四条　律师调解员有下列情形之一的，应当主动向调解组织披露并申请回避，当事人也有权提出回避申请：

（一）系本案当事人或者当事人、代理人的近亲属；

（二）与本案有利害关系的；

（三）与本案当事人、代理人有其他关系，可能影响公正调解的；

其中，"其他关系"指：

（1）对于承办的案件事先提供过咨询的；

（2）现任当事人法律顾问或代理人的，或者曾任当事人的法律顾问且离任不满两年的；

（3）与当事人或其代理人在同一单位工作的，或者曾在同一单位工作且离开不满两年的；

（4）为本案当事人推荐、介绍代理人的；

（5）担任过本案或与本案有关联的案件的证人、鉴定人、勘验人、辩护人、诉讼代理人的；

（6）其他可能影响公正调解的事项。

（四）私自会见当事人、代理人，或者接受当事人、代理人的请客送礼的；

第五条　调解工作结束后，无论是否达成调解协议，接受本案调解申请的律师事务所、调解员均不得再就该纠纷或以该纠纷结果为依据的其他案件接受任何一方当事人的委托，担任仲裁或者诉讼代理人，也不得担任该争议事项后续解决程序的人民陪审员、仲裁员、证人、鉴定人以及翻译人员。

第六条　调解组织发现调解员与本案存在利益冲突情形的，应及时做出中止调解或变更调解员的决定。

第七条　调解组织发现已做出的调解结果与调解员存在利益冲

突情形的，对于已调解完毕的案件应根据实际情况做出撤销调解结果的决定，并向法院或主管部门进行报告。

第八条　调解员明知存在利益冲突情形而不主动告知继续主持调解的，应当及时通报行业主管部门，并依据中华全国律师协会《律师协会会员违规行为处分规则（试行）》的规定给予相应处分。

第九条　本制度由××律师事务所律师调解工作室负责解释。

第十条　本制度自印发之日起施行。

四、律师调解程序管理规范

（一）律师调解过程中的程序规范

律师调解程序是律师调解的核心部分，其管理规范必须依法确保调解程序的公正、高效和保密性，确保调解范围符合法律规定。调解过程中当事人在充分了解调解权利义务的基础上，能够充分表达自己的主张和观点，调解员从中立、客观角度开展调解，为当事人提供专业、有效的调解服务。

《调解业务流程管理制度》参考文本

第一章　总则

第一条　为贯彻最高人民法院、司法部《关于开展律师调解试点工作的意见》，加强和规范对××律师事务所律师调解工作室业务流程的指导管理，充分发挥律师调解的作用，特制定本制度。

第二章　业务流程

第二条　经各方当事人同意调解，律师调解工作室可以受理各类民事纠纷，包括刑事附带民事纠纷的民事部分，但婚姻关系、身份关系确认案件以及其他依案件性质不能进行调解的除外。

第三条　律师调解工作室可自行接受当事人的申请、法院的委派，承接行政机关、行业组织移送的调解案件，参与矛盾纠纷的调解。律师事务所在开展委托代理业务或者参与矛盾纠纷化解时，应当告知当事人优先选择调解或其他非诉讼方式解决纠纷，并将接受委托代理与接受调解申请的区别书面告知当事人，由当事人自行选择。

第四条　律师调解工作室对于接收的调解案件，一般由一名律师调解员调解。对于重大、疑难、复杂或者当事人要求由两名及以上律师调解员共同调解的案件，可以由两名及以上律师调解员调解，并由律师调解工作室指定其中一名律师调解员主持调解工作。当事人有正当理由的，可以申请更换律师调解员，是否同意由律师调解工作室决定。

第五条　一方当事人向一个律师调解工作室申请调解，另一方当事人向另一个律师调解工作室申请调解的，由双方当事人协商一致后选择其中一个律师调解工作室。若协商不成，由律师调解工作室最终协商决定是否进行联合调解（与当事人协商不成的，视为双方均不同意在这两家机构调解，应当由指派机关另行指定调解机构，或中止调解）。

第六条　律师调解员可以配备调解助理辅助调解，但调解协议的审查和确认仅限于律师调解员。

第七条　律师调解员对调解过程及调解协议负责。

第八条　律师调解工作室及律师事务所与所调解的案件不存在任何利益冲突。

第九条　律师调解员在调解过程中发现存在利益冲突的，应主动向当事人说明并主动回避。当事人在调解过程中申请律师调解员回避的，律师调解员应当中止调解，如回避理由成立而当事人又愿意继续委托律师调解工作室调解，由调解工作室另行指定律师调解员组织调解。

第十条　在调解过程中发现有虚假调解或涉嫌刑事犯罪的，应及时终止调解。系法院或者相关单位委派或者移送的，应向法院或者相关单位及时做出书面说明。

第十一条　调解工作室根据调解程序依法开展调解工作，一般调解期限为三十日，除非各方当事人协商一致同意延长调解期限。调解期间进行鉴定、评估、审计的，不计入调解期限。期限届满无法达成调解协议，当事人不同意继续调解的，终止调解。

第十二条　调解应当遵守自愿原则、合法原则。

第十三条　在调解过程中，律师调解员应认真审核当事人及其委托代理人的身份信息；核对各方当事人提交的证据材料；充分听取各方当事人的诉求和意见，整理争议焦点；以书面形式如实、完整地记录争议事项和调解情况，并由各方当事人签字确认，当事人拒绝签字的，一般视为调解不成，由律师调解员及辅助人员记录说明、签字。

第十四条　律师调解员应就每件调解案件制作调解情况登记表，载明调解过程和结果，并加盖律师事务所公章，在调解终结后三日内视案件来源移交法院、行政机关或行业组织。或整理归档，纳入律师事务所统一管理。如当事人存在不同意调解等情况，律师调解员应当做出详细记载。

第十五条　律师调解员应当首先说明调解的性质、原则、效力，告知当事人权利与义务，询问是否申请回避；引导当事人陈述事实、提出证据、说明意见；引导当事人就纠纷事实等交换意见，确认无争议事实；对当事人进行说服、教育、疏导，促使达成调解协议。调解过程以及各方确认无争议的事实，须以调解笔录的形式记载下来；协议内容须合法，且明确具体，便于执行，没有歧义；调解笔录和调解协议由各方当事人签字。

第十六条　经调解成功的，在律师调解员的协助与指导下，各方当事人根据真实意思表示签订调解协议。律师调解员应告知且释明调解协议的法律后果，并应鼓励和引导当事人及时履行调解协议，必要时可引导当事人请求有管辖权的人民法院对达成的调解协议进行司法审查和确认。律师调解员应同时在调解协议上签字确认。

第十七条　对于律师调解工作室自行接受当事人申请调解的案件，如需法院审查并予以确认，告知当事人可向法院及时提出申请，律师调解工作室配合出具相应材料；对于法院委托案件，律师调解工作室在调解协议达成后三日内将调解协议等移交法院。

第十八条　调解不成的，应及时整理案卷材料，由自行接受调解申请的律师事务所归档；接受法院委派委托的，应在调解终止三日内及时将调解情况登记表及相关材料一并退回法院，并且说明调解不成的具体情况。

第十九条　经律师调解工作室达成调解协议的，当事人可以向有管辖权的人民法院申请确认其效力，具体由有管辖权的人民法院依法审查。

第二十条　当事人向法院申请出具民事调解书或者向法院申请撤诉的，由有管辖权的人民法院依法审查并做出处理。

第二十一条　调解程序终结时，当事人未达成调解协议的，律师调解员在征得各方当事人同意后，可以用书面形式记载调解过程中各方无争议的事实，并由当事人签字确认。

第三章　附则

第二十二条　本制度由××律师事务所律师调解工作室负责解释。

第二十三条　本制度自印发之日起施行。

调解权利义务告知书参考文本

根据有关法律法规，现将律师调解工作室的性质、法律效果和调解原则，以及在调解过程中各方当事人享有的权利和应承担的义务告知如下：

（1）律师调解工作室是人民法院特邀调解组织。经律师调解工作室达成的有民事权利义务内容，并经各方当事人签署的调解协议具有法律约束力。各方当事人应当按照约定履行自己的义务，不得擅自变更和解除调解协议。各方当事人如果认为有必要，可以在调解协议生效后向有管辖权的人民法院申请司法确认。

（2）律师调解工作室调解民事纠纷案件时，应当遵守以下原则：

①在各方当事人自愿、平等的基础上进行调解；

②不得违反法律、行政法规及国家政策；

③尊重各方当事人权利，不能因调解而阻止当事人依法通过其他途径维护自己的权利。

（3）调解活动中，各方当事人享有下列权利：

①提起调解和放弃、变更调解请求的权利；

②委托调解代理人参加调解的权利；

③选择或接受调解员的权利；

④接受调解、拒绝调解或要求终止调解的权利；

⑤依据《律师执业行为规范》中相关利益冲突的规定，要求调解员回避的权利；

⑥根据双方协商结果，自愿达成调解协议，并向有管辖权的法院申请司法确认的权利。

（4）在调解活动中，各方当事人要承担下列调解义务：

①如实陈述纠纷事实，不得提供虚假证明材料的义务；

②按规定交纳调解费用的义务；

③提供准确的调解协议送达地址和联系方式的义务；

④遵守调解现场秩序，尊重调解组织与调解员，按时参加调解会议的义务；

⑤履行已经签署的调解协议的义务。

调解申请书参考模板

申请人：

住所地：

法定代表人及职务：

统一社会信用代码：

委托代理人：

联系方式：

被申请人：

住所地：

法定代表人及职务：

统一社会信用代码：

委托代理人：

联系方式：

调解请求：

就【　　　】与【　　　】的【　　案　由　　】纠纷向

【　　　】主张【　　　】。

事实与理由：

【　　　】特向××律师事务所律师调解工作室提出调解申请，

望批准。

申请人：【　　　】

【　　　】年【　　】月【　　】日

调解通知书参考模板

【案号】

_____ :

　　【　　　　】号申请人【　　　】与被申请人【　　　】之间的【　　　案由　　　】一案，本调解工作室定于【　　　】年【　　】月【　　】日在【　　　地点　　　】进行调解，请准时参加。

　　调解地点：

　　调解员：

　　联系电话：

日期：

（印章）

调解笔录参考模板

表3-2　调解笔录参考样式（1）

案由			
时间		地点	
调解组织	××律师事务所律师调解工作室	调解员	
		调解秘书	
申请人		法定代表人/委托代理人	
被申请人		法定代表人/委托代理人	

表3-3　调解笔录参考样式（2）

一、权利告知
××律师事务所律师调解工作室接受【法院/行政机关/行业组织/当事人】委托，于【　　　】年【　　】月【　　】日调解【申请人】与【被申请人】之间的【案由】纠纷。 　　调解员：首先核对双方当事人及其委托代理人是否到会参加调解。 　　申请人： 　　委托代理人： 　　被申请人： 　　委托代理人： 　　调解员：在征得双方当事人意见的基础上，案件由××律师事务所律师调解工作室进行调解。若调解成功，双方签订调解协议，共同申请司法确认；若调解不成，双方另行通过诉讼方式进行权利主张。就本案调解，调解组织指派【　　　　】、【　　　　】作为调解员参与主持调解。【　　　　】为调解秘书。双方当事人对上述内容是否听清？是否接受调解？是否申请回避？ 　　申请人：清楚并接受调解，不申请回避。 　　被申请人：清楚并接受调解，不申请回避。

二、调解过程
（一）申请人陈述主要诉求、事实及理由，被申请人答辩 调解员：由申请人简要陈述案件事实及主要诉求。 申请人：【案件事实及主要诉求】 调解员：被申请人对申请人陈述的上述事实情况是否确认？ 被申请人：确认。 （二）调解员核实信息 调解员：本案的争议焦点为【　】。 申请人：同意上述争议焦点归纳。 被申请人：同意上述争议焦点归纳。 调解员：【明确调解协议的内容】申请人、被申请人双方是否确认上述协商确定的内容？ 申请人：是的，确认。 被申请人：是的，确认。 调解员：双方是否还有其他内容需要补充？ 申请人： 被申请人： 调解员：双方是否同意在调解协议书生效之日起三十日内向【有管辖权的法院】对调解协议进行司法确认？ 申请人：同意。 被申请人：同意。
三、调解结果（请结合实际情况勾选）
□调解离最好结果仍有差距，但可进一步努力，双方先自行考虑，择日再行调解。 □调解成功，签订调解协议。 □调解不成，案件移送回原委托单位。

调解协议书参考模板

【案号】

申请人：

住所地：

法定代表人及职务：

统一社会信用代码：

委托代理人：

联系方式：

被申请人：

住所地：

法定代表人及职务：

统一社会信用代码：

委托代理人：

联系方式：

申请人与被申请人的【　　　案由　　　】纠纷于【　　　】年【　　】月【　　】日向本调解工作室提出调解申请，本调解工作室于【　　　】年【　　】月【　　】日由调解员【　　　】主持调解，经公正调解并由双方协商后自愿达成如下协议：

一、

二、

本协议一式【　　】份，本调解工作室及各方当事人各持一份，自双方签字或盖章后生效。

　　申请人与被申请人承诺本协议系出于解决纠纷的目的自愿达成的协议，没有恶意串通、规避法律的行为；如果因该协议内容而给他人造成损害，愿意承担相应的民事责任和其他法律责任。

当事人签字或盖章：

××律师事务所律师调解工作室调解员：

××律师事务所（公章确认）：

日期：

司法确认申请书参考模板

申请人：

住所地：

法定代表人及职务：

统一社会信用代码：

委托代理人：

联系方式：

被申请人：

住所地：

法定代表人及职务：

统一社会信用代码：

委托代理人：

联系方式：

申请人【　　　】与【　　　】因【　　案由　　】纠纷，

于【　　　】年【　　　】月【　　　】日经××律师事务所律师调解工作室主持调解，达成了如下调解协议：

一、

二、

现请求【有管辖权的人民法院】依法对上述协议予以确认。

申请人出于解决纠纷的目的自愿达成协议，没有恶意串通、规避法律的行为；如果因该协议内容而给他人造成损害，愿意承担相应的民事责任和其他法律责任。

此致

【有管辖权的人民法院】

附：调解协议书及有关证明材料一份

当事人签字或盖章：

日期：

（二）律师调解结果履行中的程序规范

调解程序的管理规范不仅局限于律师开展调解过程中的行为规范，还包括调解结果与诉讼、执行程序的管理规范。现有律师调解在人民调解的大框架下开展，其可执行性由于法院对调解协议司法确认的多重顾虑而受到一定限制，双方调解成功本身就不容易，法院在对调解结果进行审查时在保证调解结果真实、合法的基础上，也应当体现对调解特点和规律的尊重。

五、律师调解收费制度

（一）加强公益补贴调解

人民调解、行业调解及法院调解往往由政府或者行业组织以公益性补贴的方式开展调解，即纠纷双方当事人不需要再向调解员或调解组织支付费用。律师调解员在此类调解中按照调解结果获得公益性补贴，但由于调解资源有限，无法满足全部社会矛盾化解的实际需求。相关机构可以在进行年度预算时将调解费用作为专项预算进行申报，申请相关资金，支持调解工作。

（二）提高政府调解采购

对于部分涉及民生的案件，可以采取主管部门牵头负责制，由其申请专项财政资金，通过招投标方式公开选聘调解机构提供调解服务。而律师作为专业人员，在大量的社会纠纷（如"长租公寓"爆雷等案件）的化解中，可以发挥很大作用。而政府主导之下的调解，能够最大限度地平衡各方当事人的权利、义务，提高调解的公信力，及时发现矛盾的集中点，将纠纷化解于前端。

（三）扩大规范化市场调解

由于缺乏收费标准，调解双方当事人都会对调解服务产生误解，即误认为调解是免费的。针对律师市场化调解如何收费、收费标准如何等问题，也有多种声音。可以参照律师服务收费标准对律师调解服务收费标准等事宜进行落实，为律师调解收费提供有力的文件支持。其中，对于法院或相关行政机构的引导类案件，明确可以低价、有偿的方式向案件当事人收费，而不采取传统的法院补贴形式。

第四节　杭州地区律师调解的尝试

一、杭州律师调解的总体情况

2015 年，中共中央办公厅、国务院办公厅下发的《关于完善矛盾纠纷多元化解机制的意见》指出，要组织、推动律师充分发挥在化解矛盾纠纷中的作用。2016 年，最高人民法院下发《关于人民法院进一步深化多元化纠纷解决机制改革的意见》（法发〔2016〕14 号），为律师参与多元化矛盾的化解开拓了新的路径。杭州的律师调解试点工作从一开始就走在了全国前列。在 2016 年 6 月 28 日最高人民法院印发《关于人民法院进一步深化多元化纠纷解决机制改革的意见》前夕，杭州市律师协会已着手筹办杭州律谐调解中心；7 月 13 日，杭州市律师协会向杭州市司法局提出了设立杭州律谐调解中心的申请；8 月中旬，杭州律谐调解中心向杭州市民政局递交了登记申请书，同月获批。至此，全国首家以律师为主体的专业社会化调解组织诞生，这标志着杭州律师调解工作的先行先试走入了一个新的里程。杭州律谐调解中心希望能够通过将社会矛盾引导分流，扩宽多元化纠纷解决机制，提供便捷、低成本调解服务，将争议化解在基层，为社会和公众提供更多的可选择路径。

2017 年以来，杭州律谐调解中心在浙江省高级人民法院、中共杭州市委、杭州市人大和杭州市人民政府的重视支持下，在杭州市司法局和杭州市中级人民法院的指导与配合下，结合各法院具体情况，充分发挥律师调解员的专业知识和中立第三方身份优势，全力推进律师调解试点工作，取得显著成效。2017 年 5 月，司法部副部长熊选国莅临调解中心，专题调研、指导多元化纠纷解决机制和杭州律师参与司法调解工作情况，充分肯定杭州律师在调解方面取得的成绩。同月，调解中心制定了一系列规章制度，并以杭州市滨江区人民法院为试点单位，率先在全国开展律师调解试点工作，入驻法院开设律师调解工作室。2017 年 11 月，调解中心分别作为杭州市中级人民法院、杭州市江干区人民法院特邀调解组织入驻法院开展调解工作。

2018 年 1 月 6 日，《人民法院报》分别以"'律师调解'先行的杭州特色""职业共同体 调解显优势"为题专门报道了调解中心驻杭州法院的工作经验，高度认可律师参与调解工作的"杭州模式"。同年，调解中心作为浙江省高级人民法院特邀调解组织入驻法院开展调解工作。

2019 年，杭州市中级人民法院、杭州市司法局、杭州市律师协会联合发文，确定杭州 15 家律师事务所设立首批律师调解工作室。该年度律师调解工作室完成杭州市首例当事人委托并付费的市场化律师调解案件。

2020 年，杭州律谐调解中心上线浙江解纷码调解平台、中国（杭州）知识产权·国际商事调解云平台等多个调解平台，开展线上调解，并完成调解中心首个由当事人委托并付费的市场化律师调解案件。杭州市律师协会成立"律师调解专业委员会"，加强对律师调解的理论与实务研究。2020 年 5 月 15 日，杭州市中级人民法院、杭州市司法局、杭州市律师协会联合发文，设立第二批 45 家律师调解工作室。至此，杭州形成了"1 ＋ 60"的律师调解工作布局，共有 1497 名律师调解员入库公示并以特邀调解员身份开展调解工作。

2021 年 7 月，最高人民法院复函浙江省高级人民法院，同意在杭州市中级人民法院开展市场化解纷机制试点工作；9 月，司法部复函浙江省司法厅，要求杭州市司法局、杭州市律师协会和杭州市中级人民法院密切配合，协调推进杭州市律师调解市场化试点工作。2021 年 5 月至 10 月，杭州律谐调解中心会同杭州市中级人民法院、杭州市司法局，组织开展了"一码解纠纷"模块的试运行。同年年底，调解中心着手开展专职律师调解员进驻基层法院（法庭）专项工作。

2022 年，杭州市司法局发布了《杭州市律师调解市场化工作推进方案》，要求全市各地有序推进律师调解市场化工作。在杭州市司法局和杭州市律师协会的领导下，在杭州市各级人民法院的大力支持下，全市律师调解工作稳步开展并不断创新突破。

2023 年，杭州市司法局、杭州市律师协会开启第二期律师事务所律师调解工作室申报工作，于 2024 年 2 月 7 日正式发文，确认 110 家律师事务所设立律师调解工作室，并选出 1425 名律师作为律师调解员开展工作。

杭州作为浙江省的省会城市，拥有丰富的法律服务资源。近八年的时间里，杭州市律师行业在党委、政府的正确领导下，坚持创新发展新时代"枫桥经验"，以人民为中心，把非诉讼纠纷解决机制挺在前面，充分发挥律师专业优势和实践优势，深入参与化解矛盾纠纷，破解诉源治理难题，以专职化、专业化、数字化、市场化"四化"建设推进律师调解工作，并取得了一定成效。

二、杭州律师调解的制度建设

（一）组织机构不断完善

杭州根据实际需要，在律师参与调解组织建设方面，逐步形成了从"1 ＋ 60"到"1 ＋ 110"的组织体系。"1"就是一个杭州律谐调解中心，

"60""110"就是原先 60 家目前 110 家律师事务所设立律师调解工作室。杭州律谐调解中心通过指导和监督的方式，协助 110 家律师调解工作室规范、有效地开展律师调解业务。

（二）工作制度不断健全

近年来，为加强组织建设，不断健全和规范律师调解工作，杭州市律师协会及杭州律谐调解中心相继制定了杭州律谐调解中心的章程、收费办法、回避规则等一系列管理制度。2021 年底，为适应新形势下律师调解工作的需要，调解中心重新修订了《律师调解引导类案件收费标准》和《杭州律谐调解中心调解员回避规则》，通过发挥诉讼费的杠杆作用指导调解案件收费，比照仲裁员的回避要求规范调解员的利益冲突审查，取得了较好的预期效果。2023 年，调解中心完善《专职律师调解员考核制度》，制订调解员培训计划，提升工作能级，进一步发挥律师调解的独特优势，打造专业型、高层次的调解队伍。

三、杭州律师调解的模式探索

（一）专职调解制度

2021 年 9 月，杭州律谐调解中心启动专职调解专项工作。调解中心面向全市律师行业发布专职律师调解员招募公告，根据招募结果同步成立专职律师调解员备选人才库，目前已积累 70 余名专兼职律师调解员作为后期开展工作的备选人员。

杭州律谐调解中心制定的专职律师调解员任职条件为：具有较高的政治素养和职业道德修养，没有受过行政处罚或者行业处分；执业 3 年以上，或有担任法官、检察官经历，在大学从事法律教育工作经历，以及律师执业经历合计 3 年以上；签订定期劳务合同，视工作情况可续签；暂停律师执业，其律师执业证书继续保留，时间计入律师执业年限，其间不转移党组织关系、劳动关系和工资关系，合同期满后返回原单位工作；遵守派驻法庭的相关纪律，按规定时间上下班。截至 2023 年 11 月，专职律师调解队伍由 2021 年底的 3 个驻点 4 名专职律师调解员，扩大至现在的 19 个驻点 39 名专职律师调解员及 3 名助理，驻点已覆盖杭州主城区所有法院。

同时，专职律师调解员的调解数量、调解质量在整个杭州的律师调解工作中也是处于领先地位的。以 2023 年的收案量来说，专职律师调解员收案量约为全市律师调解总收案量的 70%，调解成功率也比较高。

（二）专项调解制度

杭州律谐调解中心深入社会基层治理，针对基层矛盾推出专项调解服务。比如 2023 年杭州律谐调解中心携手杭州市某区法庭、某区某镇人民政府，共同推进区域治理现代化，合力化解基层矛盾纠纷。由该镇购买律师调解服务，将法官的专业法律知识与镇村社干部、专职律师调解员的专业优势相结合，形成一体化矛盾纠纷调处化解工作闭环。调解中心派驻律师调解员找准调解切入点和突破口，全力化解矛盾纠纷；镇工作人员走在最基层，帮忙解决"当事人失联"等调解老大难问题；法院（法庭）进行司法确认，依法赋予调解协议强制执行力。通过通力合作，加强联动方式，在近半年时间里处理基层矛盾 200 余起，调解成功率超 50%。再比如杭州律谐调解中心进驻杭州市某区住建局，专班全天候开展信访调解服务工作，通过线上线下并举的方式开展调解，线上调解打造"一次都不跑"服务模式，获得当事人好评，并且取得较高调解成功率。

（三）数字调解制度

杭州律谐调解中心通过入驻浙江解纷码平台、中国（杭州）知识产权·国际商事调解云平台、可信云调解平台及杭州律谐调解中心小程序开展公益调解、市场化调解和专职调解，极大地提高了调解效率，取得了一定成效。

（四）专业调解制度

杭州律谐调解中心集中打造"专精尖"调解力量，举办多场调解培训会与调解专题座谈会，努力提高调解员的专业调解技能，在开展培训的同时，不断向社会各界以及律师团体介绍、推广律师调解制度，逐步扩大杭州律师调解的影响力。同时，在杭州市律师协会的统一安排下，杭州律谐调解中心组织开展法律服务产品（律师调解）大赛，在各律师调解工作室以及律师调解员的支持下，研发包括证券金融、建设工程、人事劳资、婚姻家事、物业服务等领域的调解服务产品，为社会各界提供多元、专业的调解服务。

（五）市场化调解制度

如前所述，杭州律谐调解中心制定了《杭州律谐调解中心收费办法》《律师调解引导类案件收费标准》等制度，为杭州律师调解收费确定了指导性标准，通过低价、有偿的方式提供专业调解服务，并以此扩大律师调解的影响力，争取更多市场化调解案件。

第四章

chapter 04

行业调解的不同路径

第一节　涉证券纠纷调解

一、证券期货纠纷概述

随着经济形势的日益复杂，证券期货纠纷不断增加。截至 2024 年 3 月，在中国裁判文书网上，"证券纠纷"案由项下共检索到 81628 件案件（含判决书、调解书和裁定书），证券欺诈责任纠纷有 69396 件，其中 2020 年 13974 件、2021 年 9764 件、2022 年 8377 件、2023 年 2521 件。从数据上看，案件数量似乎有所下降，但这是因为随着近几年示范案例机制和代表人诉讼的推行，许多案件通过调解或代表人诉讼的方式得到了解决。实际上，近年来证券纠纷案件数量激增，矛盾也日趋尖锐。其中，因债券引发的违约案件以及虚假陈述纠纷案件尤其需要警惕。根据相关统计，2021 年，我国债券市场新增 23 家违约发行人，涉及到期违约债券 87 期，到期违约金额合计约 1015.76 亿元；[①] 2022 年，我国债券市场新增 8 家违约发行人，涉及到期违约债券 45

---

① 联合资信评估股份有限公司债券市场营销部：《2021 年中国债券市场违约回顾与展望》，https://www.lhratings.com/file/f0b344e8277.pdf。

期，到期违约金额合计约 232.62 亿元；[①] 2023 年，我国债券市场新增 5 家违约发行人，涉及到期违约债券 17 期，到期违约金额合计约 183.35 亿元。[②]

由于证券投资者的专业判断能力、信息获取能力以及风险承担能力各有差异，且投资者群体庞大而分散，我国新修订的《证券法》显著加大了对投资者的保护力度。与此同时，随着投资者维权意识的不断提高，他们开始积极通过法律诉讼来维护自己的合法权益，要求发行人及相关中介机构等承担违约或赔偿责任。然而，大量案件的涌现给法院的司法裁判带来了沉重的压力，加之投资者之间诉求各异，无疑加大了纠纷处理的难度。

近年来，随着《证券法》《全国法院审理债券纠纷案件座谈会纪要》以及《最高人民法院关于审理证券市场虚假陈述侵权民事赔偿案件的若干规定》等法律规范的修订与出台，探索如何迅速且专业地解决证券纠纷已成为刻不容缓的任务。为此，各地正积极探索证券期货纠纷的多元化解机制建设。其中，有效地在证券期货纠纷领域引入专业调解力量，是解决矛盾的重要途径。

二、证券期货纠纷调解工作的现状及不足

（一）证券期货纠纷调解工作现状

2018 年 11 月 13 日，最高人民法院与中国证券监督管理委员会（以下简称"中国证监会"）联合发布《关于全面推进证券期货纠纷多元化解机制建设的意见》（以下简称"《证券多元解纷意见》"），对相关地区人民法院、

[①] 联合资信评估股份有限公司研究中心：《2022 年中国债券市场违约回顾与展望》，https://www.lhratings.com/file/f404743e2c3.pdf。
[②] 联合资信评估股份有限公司研究中心：《2023 年中国债券市场违约回顾与展望》，https://www.lhratings.com/file/f897a6f85cc.pdf。

证券监管机构以及试点调解组织参与证券期货纠纷调解工作做出指导性规定。此后，中证中小投资者服务中心有限责任公司、各地证监局及证券业协会等积极响应，纷纷启动调解工作，积极与各地法院沟通，建立了特邀调解组织并编制了调解员名册，引导纠纷双方自愿选择调解方式化解矛盾。2021年8月，为进一步提升调解服务的便捷性和效率，最高人民法院与中国证监会建立"总对总"在线诉调对接机制，拟充分利用"人民法院调解平台"与"中国投资者网在线调解平台"的系统对接优势，为投资者提供一站式法律服务。

（二）证券行业调解工作的优势

1. 行业内部支持力度大，积极性高

近年来，中国证监会把证券投资者保护作为工作的重中之重，各级部门坚持以人为本的资本市场监管思路，加大对投资者合法权益的保护力度，着力建设一个规范、开放、健康、可持续发展的资本市场。其中，打击证券违法行为、简化投资者维权方式、落实新时代"枫桥经验"以及宣传典型案例等，都是推动实现这一目标的重要手段。目前，中国证监会正致力于提升证券期货纠纷领域多元纠纷调解的制度化水平，并在与最高人民法院的紧密合作下，推动各地证监局与法院建立起高效的合作机制。

以杭州市中级人民法院、中国证监会浙江监管局和浙江证券业协会为例，浙江证券业协会通过吸纳来自协会内部、证监局、律师事务所和会员单位的公益调解员，组织了强大的调解力量，设立法院特邀的调解组织，积极开展调解工作。同时三单位联合建立在线调解平台——浙江证券期货纠纷智能化解平台，为浙江地区的证券期货纠纷多元化解工作做出了很多尝试。2020年至2022年，在律师调解员的深度参与下，三单位完成了大量代表性案件的调解工作。在此过程中，投资者保护机构——中国证券投资者保护基金有限责任公司亦发挥了积极作用，对损失计算、资金赔付等工作提供了支持。

2. 调解员队伍初步构建，公益性强

根据《证券多元解纷意见》的指导，各地证券业协会纷纷积极行动，初步构建起证券期货调解组织，并竭力确保调解工作能够配备适当的调解场地、专业的调解人员以及完善的调解制度。特别值得一提的是，针对中小投资者的纠纷调解申请，这些调解组织均实行免费服务。以浙江证券业协会为例，早在 2016 年，该协会便前瞻性地建立了证券纠纷调解中心及证券纠纷调解专业委员会，致力于为辖区内的中小投资者提供公益性的证券期货纠纷调解服务。

3. 在线调解平台设立，便利性大

由于证券期货纠纷的投资者往往分散于全国各地，个体投资者也常面对一些金额较小的纠纷，传统线下诉讼或调解所需的高昂成本成为他们的沉重负担，常使维权之路陷入困境。前述"总对总"调解平台对接系统以及各地积极筹建的线上纠纷化解平台，为投资者提供了便捷且高效的维权新途径，显著降低了维权成本，让投资者在维护自身权益的道路上能够更加从容不迫。

（三）现有证券行业调解工作的不足

1. 调解的公益属性导致发展受限

各证券行业调解组织基于其公益性的性质，目前普遍采用兼职调解员模式。然而，随着证券期货纠纷案件的持续增长，调解力量的薄弱性与公益调解的局限性日益凸显。目前，尽管律师调解员在兼职调解员中占据一定比例，但比例相对较小，专业的律师调解组织和大量具备专业知识的律师尚未充分融入调解队伍。

证券行业调解组织所调解的证券虚假陈述案件、私募基金系列案件、与证券公司有关的金融产品纠纷案件往往属于案情复杂的群体类纠纷。与普通的双方调解不同，作为调解一方的中介机构、上市公司或金融服务提供者会

全面权衡纠纷调解的成本及其潜在影响。庞大的投资者群体、频繁的法院及协会沟通，将极大地增加调解员的工作量。同时，实践中常常存在将人民调解泛化的倾向，把证券期货领域的行业调解全部纳入人民调解范畴。[①] 兼职调解员加少量调解补贴的模式无法使证券期货纠纷调解得到长久、有效、可持续发展。因此，各证券行业调解组织应当尝试在上述纠纷中引入市场调解力量，发挥专业调解能力。

2. 诉调对接机制不完善

目前《证券多元解纷意见》所规定的调解前置程序并未完全落实到位。虽然法院规定了诉前调解流程，但该等调解程序主要由法院专职调解员或者兼职调解员完成，并未进行行业领域划分。并且大量的证券纠纷案件由于诉讼时效、纠纷复杂程度等问题，长期未进入正式立案程序，此时各证券调解机构并未尽早介入纠纷调解。

同时，虽然调解原则上应独立于判决结果，但鉴于证券期货纠纷案件的群体性特征，若调解结果与最终判决结果存在较大差异，可能会引发包括社会舆情在内的一系列后续问题，导致新的纠纷产生。

因此，各证券行业调解组织应当充分保障专业调解力量，在调解过程中充分释明法律后果，注重与对接法院的沟通，使调解员能够更好地把握调解的进度和方向，使调解真正做到案结事了。

3. 线上调解平台未统一管理

近年来，中国证监会与最高人民法院、地方监管局、各地证券行业协会以及各地法院纷纷采用了多种线上调解平台。以浙江地区为例，法院系统运营的线上调解平台包括"人民法院在线服务""浙江解纷码"以及"人民法院调解平台"；而浙江证监局和浙江证券业协会则选用了"浙江证券期货纠纷

---

① 廖永安、王聪：《人民调解泛化现象的反思与社会调解体系的重塑》，《财经法学》2019 年第 5 期，第 67 页。

智能化解平台"和"中国投资者网在线调解平台"等。这些平台虽各有特色，但各自对接的部门不同，页面设计也存在差异，使得在线诉调对接的流程和规范难以统一。

因此，在实际案件处理中，各地法院和证监局也会根据部门实际考核要求对平台适用有不同的侧重，导致部分平台无法发挥其应有作用，对于投资者的维权路径及维权标准等无法进行统一，最终无法实现快速、高效地解决纠纷。

4. 诉源治理未取得完全落实

目前各行业组织调解的纠纷，大部分来源于诉讼纠纷。然而，在实际的证券期货纠纷中，大量投资者最初往往采取的维权方式为信访或投诉。但是，由于证监局等行政执法部门行政执法的局限性，投资者最终的民事赔偿请求问题并不能被解决。同时，基于传统观念的影响，中介机构、上市公司或者其他金融服务提供者在法院实际判决承担民事责任前往往调解意向较弱。除证券期货纠纷外，各地证监局、证券业协会还会收到大量涉及基金、理财产品的投诉与纠纷。

因此，在行业调解过程中，充分做好信调对接工作、将行政执法与调解工作相结合、根据及时的反馈将更多的纠纷消灭在诉讼之前等并未得到较好落实。

三、律师市场化调解参与证券期货纠纷调解的可行性路径

（一）夯实调解能力，展现专业调解风采

证券期货纠纷调解不同于普通商事案件调解，它要求调解员具备更强的专业能力。第一是专业研判能力。以证券虚假陈述责任纠纷为例，有"卖者

尽责、买者自负"原则的适用、"实施日""揭露日""基准日"的认定、投资损失的计算、系统性风险的扣除等。如涉及中介机构，还应当研判中介机构承担虚假陈述责任的担责要件和赔偿范围，并结合双方当事人的诉求和各项因素做出解释说明，最终才能引导当事人形成符合法律与双方可接受的调解方案。第二是统筹调解策略。如前所述，大量证券期货纠纷案件为群体性案件，当事人想法各不相同，需要调解员创新调解方法，以点带面提高调解成功率，最大化利用线上调解平台开展集体调解。第三是保证调解效率。在调解过程中需要与其他调解组织合作，提高损失计算的精确性，同时做到调解实时反馈，特别是对于其中影响力较大的投资者，要达到沟通效益的最大化，尽可能避免引发较大冲突，妥善化解风险。第四是当事人权利保护与社会效果相结合。普通的调解案件在双方自愿以及不违反法律规定的情况下均可达成调解协议，但是证券期货纠纷的调解除了充分尊重双方当事人的意愿外，还应当充分考虑调解的社会效果。以证券纠纷中中介机构责任承担的问题为例，若调解结果要求中介机构承担过高的责任，可能能够解决单个案件，但是调解难度极大，中介机构往往会穷尽所有的诉讼途径，导致投资者反而无法及时、快速地获得赔偿。同时，单案的调解结果可能对此后同类型案件调解产生强烈的示范效应，影响类似案件投资者的理性投资，并且对行业发展产生巨大影响。

因此，在参与证券期货纠纷调解过程中，律师应结合自身过硬的专业知识，对案件进行充分的模拟和研判，并结合案件特点，发挥自身的调解优势。

（二）建立调调合作机制，引入市场化解纷机制

随着证券期货纠纷案件的不断增多，各行业调解组织将面临调解力量薄弱的问题，可以通过建立调调合作机制，进一步扩大证券期货领域专业调解力量，更好地发挥调解工作职能。

如前所述，杭州律谐调解中心在杭州市中级人民法院、杭州市律师协会监督下的市场化律师调解服务给当事人提供了快速、低成本解决纠纷的新途径，能够有效地化解证券纠纷。各地行业协会可以在征求纠纷双方当事人同意的情况下，将证券纠纷案件引导至调解中心进行调解，特别是当非中小投资者一方当事人愿意承担全部调解费用时，这一途径将更为可行和高效。

而各地律师行业协会或专业律师调解组织应当在现有调解员准入的基础上，进一步确认行业调解组织引流案件调解员的专业性，对调解员进行细致划分，通过更为严苛的调解员选任以及调解考核制度提高调解质量。同时，在调解合作中应当借助行业调解的优势，充分发挥行业组织的监督、沟通作用，在律师代理人身份与调解员身份的冲突、调解工作衔接、调解数据的缺乏等方面摆脱目前律师调解的劣势，使调解成果最大化。

（三）加大政府采购力度，真正落实中小投资者保护

无论是行业调解还是律师调解，收费难是痛点。其中行业调解有其公益属性，目前无法做到收取费用。以政府采购方式加大政府购买法律服务力度是目前不断尝试的方式之一。[①] 通过浙江政府采购网以"调解"为关键词检索采购公告，浙江各地行政部门、矛盾调解中心甚至部分法院都在通过政府采购方式购买专业调解服务。

在引导上市公司、中介机构支付调解费用的同时，各地证监局或证券业协会可以采用政府购买服务的形式筹措调解经费，并纳入财政专项预算，重点处理各固定渠道产生或接收的证券纠纷，通过较为低廉的价格使中小投资者获得高质量的律师法律调解服务。

---

① 王正航、丁洁、麻伟静：《律师参与诉源治理的实践与思考——以浙江省杭州市为例》，《中国司法》2021 年第 10 期，第 95 页。

（四）贯彻调解前置程序，强化一体解纷能力

律师应当充分运用证券纠纷律师调解工具，律师行业调解组织应当积极完善证券纠纷信调对接、诉调对接机制建设。

律师作为代理人，本身深度参与证券纠纷，无论作为投资者的维权律师还是作为虚假陈述义务人的代理律师，均可以积极加强对证券期货纠纷双方的引导与教育，引导各方通过律师调解方式解决纠纷。律师行业调解组织应当积极参与各行业组织、法院关于信调对接、诉调对接的各项活动，积极应对证券纠纷多元化解的变化。针对现有在线调解平台不统一问题，律师调解员及调解组织应当根据现实情况尽可能进驻每一个调解平台，以提升案件调解率为第一要务，同时通过各种方式参与一体化解纷机制建设，并不断为优化调解程序、建立统一完善的调解平台建言献策。

（五）加大对证券期货纠纷调解案件的宣传

在证券行业选取典型案例宣传时，律师应当主动结合地方实际情况，选取在当地有一定影响的证券期货纠纷调解案例作为典型案例宣传，特别是选取通过调解组织之间的协作或通过市场化调解处理的证券期货纠纷调解案件，大力推广市场化调解解决证券期货纠纷。

同时在日常工作中加强投资者教育，拓宽投资者保护维权宣传途径，扩充调解申请渠道，使投资者能够对接专业调解组织。

四、证券期货纠纷律师调解适用对象

（一）发行人或上市公司

当发行人或上市公司因证券违法行为遭受投资人索赔时，律师调解员接受委托，调解其与投资人之间的一揽子民事赔偿责任纠纷。若调解取得较好的处理结果，则可进一步使发行人或上市公司在接受行政主管部门调查时处于较为有利位置。

（二）中介服务机构

依法综合研判中介机构证券期货纠纷的担责要件、赔偿范围，接受调解其与投资人、其他责任主体（发行人等）民事赔偿案件的委托，并结合各方当事人的诉求和各项因素做出解释说明，最终形成调解方案，促成调解。

（三）证券行政主管部门

通过政府专项采购调解服务的方式处理纠纷，提供包括信访案件调解、诉调对接、仲调对接、调解培训、投资者教育在内的服务。

（四）自律行业协会

通过专项采购调解服务的方式处理纠纷，提供包括调解调研、调解培训、调解中小投资者申请的纠纷案件、引导证券公司等通过市场化调解解决纠纷在内的服务。

（五）投资人

直接接受投资人委托，调解其与发行人、上市公司、中介机构之间的纠纷，并与行业协会等组织进行沟通协商，为投资人维权提供必要的帮助。

第二节　涉家事纠纷调解

一、家事纠纷概述

（一）家事纠纷的基本特征

家事纠纷一般是指确定家庭身份关系的案件及基于家庭身份关系而产生的家庭纠纷。由于家事纠纷是发生在特殊主体之间的纠纷，故家事纠纷具有以下特征：

1. 身份性

家庭关系因身份性而具有敏感和脆弱的特点，其敏感是因为关系到隐私和复杂的人际互动，其脆弱是因为这种关系容易受到伤害。所有家事纠纷都是围绕家庭身份关系产生的，所以家庭身份关系也是家事纠纷的核心要素。

2. 非理性

由于家庭身份关系的存在，家事纠纷不是简单的利益冲突，其中还夹杂着复杂的情感因素，而且当事人的情感会随着时间、环境等条件的变化而变化，难以揣摩。因此，家事纠纷与其他民事纠纷不同，家事纠纷充斥着非理性，难以简单地通过明辨是非和说理来解决，需要特别照顾双方当事人的情绪。

3. 个案性

"类案同判"是司法实践的重要原则之一，但对于家事纠纷而言，却不能盲目贯彻这个原则。由于每个家庭的真实情况各不相同，每件家事纠纷的背后，都包含复杂的人际关系、利益与情感，即使是同一纠纷，经历了不同阶段之后，当事人的情感、取舍可能也会发生变化，因此家事纠纷无法通过统一模式来裁断，应当根据具体情况提出具有针对性的措施。

4. 私益为主，兼具公益性

家事纠纷产生于家庭内部，就此而言，家事纠纷涉及的是私事，属于当事人自治的范畴。但家庭又是整个国家社会的基本组成单元，家庭的和睦稳定直接关系到国家社会的和谐安定，如果处理不好家事纠纷，势必会对社会产生不利影响。因此，在处理家事纠纷时，不仅应当尊重当事人的真实意愿，也要考虑其他家庭成员的利益，避免引发其他的不安定因素，而对社会产生不利影响。

（二）家事纠纷的类型

最高人民法院制定的《民事案件案由规定》对婚姻家庭、继承纠纷做了较为详尽的归类，同样，《最高人民法院关于开展家事审判方式和工作机制改革试点工作的意见》也对家事纠纷类型做了相关规定。结合最高人民法院的上述两个规定及相关学理，我国家事纠纷大致包含以下类型：

1. 婚姻纠纷及其附带纠纷

婚姻纠纷是家事纠纷中最为常见的类型。婚姻纠纷包括夫妻双方因感情破裂而产生的离婚纠纷，以及夫妻双方对婚姻效力的争议。发生婚姻纠纷的同时，往往会附带其他纠纷，如由夫妻双方对子女的监护权、子女抚养费、离婚后财产分割等产生的争议。

2. 抚养、扶养及赡养纠纷

抚养纠纷不仅在夫妻双方产生离婚纠纷时有所涉及，在已经离婚的父母之间亦可能发生抚养纠纷，如离婚时确定由父亲抚养子女，但因父亲后续发生了不适于抚养子女的情形，母亲可能会重新争夺抚养权。

扶养纠纷一般发生在夫妻之间。我国《民法典》规定，夫妻有相互扶养的义务，需要扶养的一方，在另一方不履行扶养义务时，有要求其给付扶养费的权利。如夫妻一方患病住院，又缺乏经济来源，而另一方对其不管不顾，患病一方可能会起诉，要求另一方支付扶养费。

赡养纠纷是发生在父母与子女之间的纠纷，如成年子女不履行对父母的赡养义务，而父母丧失劳动能力，生活困难，父母可以要求子女给付赡养费。

3. 亲子关系纠纷

亲子关系纠纷是指父或母对亲子关系有异议，请求确认或者否认亲子关系，或者成年子女对亲子关系有异议，请求确认或者否认亲子关系的纠纷。

4. 收养关系纠纷

收养是指根据法定条件和程序将他人子女领养为自己子女的民事法律行为，实践中可能发生收养一方或者被收养一方请求确认或者解除收养关系的纠纷。

5. 同居关系纠纷

同居关系纠纷发生在没有登记结婚的男女之间，但事实上双方是以夫妻名义持续、稳定地共同居住的。同居双方可能会对同居期间的财产分割、非婚生子女抚养等产生争议。

6. 继承和分家析产纠纷

继承纠纷涉及遗产的分配问题，这种纠纷通常发生在父母去世后，如子女之间争夺遗产的权益，或者对遗嘱的合法性和执行等产生争议。

分家析产是指家庭成员分割家庭共有财产、各自独立生活的行为，但家庭成员在分家析产过程中可能难以达成一致意见，因而会引发相关纠纷。

二、家事纠纷调解的现状与不足

我国司法实践早已认识到家事纠纷不能仅依靠诉讼程序来解决，而应当不断深化改革和创新家事审判机制，在处理家事纠纷的过程中，增强调解意识，将调解贯穿到家事审判的全过程。为此，最高人民法院也多次出台了关于家事审判方式和工作机制改革的文件。实践证明，采取调解方式处理家事纠纷的做法不仅丰富了我国家事审判工作机制，使我国家事审判工作机制改革工作成效显著，还为我国各地区有效解决家事纠纷提供了很多有益的借鉴经验。

（一）家事纠纷调解的范围

根据我国《民法典》及相关司法解释的规定，离婚纠纷、遗产继承纠纷、涉及财产分割和子女抚养的纠纷等可以进行调解。这些纠纷采取调解方式处理，不仅能有效避免司法对家庭关系的过度干预，保护当事人的隐私，还可以让当事人感受到更多的人文关怀，对家庭产生诊断、治疗、修复作用。

与此同时，我国《民法典》及相关司法解释也明确规定，涉及婚姻效力、身份关系确认、人身安全保护令申请等的纠纷不能进行调解。涉及婚姻效力、身份关系确认、人身安全保护令申请等的纠纷往往牵涉到家庭成员的重大人身利益，调解无法实质性地解决这些纠纷背后的问题，故应当交由法院进行审理。

由此可见，不是所有的家事纠纷都可以或者适于采取调解方式解决，部分家事纠纷因其性质较为特殊，涉及需要特殊保护的利益，不应采取调解方式处理。

（二）家事纠纷调解的特点

家事纠纷调解的核心在于通过协商和谈判解决家庭纠纷，它旨在促进家庭成员之间的和谐与理解，减少争议和冲突，并达成双方都能接受的解决方案。家事纠纷调解具有以下特点：

1. 关注子女利益

涉及子女抚养等问题的家事纠纷调解特别关注子女的利益。夫妻双方在调解过程中就子女的居住、教育、探视和经济支持等问题进行协商，并制订合理的抚养费用分配方案。调解员可以帮助夫妻双方充分考虑子女的需要，促进他们达成对子女最有利的协议。

2. 注重维护家庭关系

家事纠纷调解强调维护和改善家庭成员之间的关系。调解过程促使各方积极沟通，表达彼此的意见和需求，增进理解和共识。通过有效的互动，恢复或加强家庭成员之间的信任与和谐关系。

3. 寻求可持续调解方案

家事纠纷调解强调通过各方之间的协商和妥协，得出留有余地和具有可持续性的解决方案。各方可以根据各自的实际情况和利益制订具体的解决方案。调解过程中的互动和合作有助于建立长期和谐的家庭关系。

总体而言，家事纠纷调解的上述特点体现了其主要目标，即维护婚姻家庭和谐稳定，依法保障未成年人、妇女和老年人的合法权益，促进社会和谐发展。

（三）现有家事纠纷调解的不足

调解作为处理家事纠纷的有力手段，需要很多配套要素方能发挥出其真正的作用，但现实中由于配套要素不足，家事纠纷调解面临着一些困境。

1. 缺乏统一明确的法律规定

目前，针对家事纠纷调解，我国尚未建立统一的法律框架，各地区和部门可能存在不同的调解实践和标准。虽然我国《民事诉讼法》及相关司法解释对调解的基本原则和程序进行了规定，但家事纠纷调解的具体实施步骤尚不明确，如何调解、调解时间等事项主要交由调解员依据自身经验和有限知识去自由裁量，导致调解的规范性和一致性有待提高。

2. 调解效力不明确

我国法律对家事纠纷调解的效力并未明确规定。虽然调解协议在一定条件下可以具有强制执行力，但实际上，很多调解协议并未得到有效履行，导致调解结果难以落实。这使得一些家事纠纷当事人的调解意愿不高，更倾向于选择通过诉讼解决纠纷。

3. 调解资源不足

目前我国承担家事纠纷调解主要职责的是法院调解和人民调解，这两种调解途径都存在一些难处和痛处。

就法院调解而言，随着经济的发展和时代的变化，各地区法院面临着案多人少的问题，在如此大的工作压力下，还要面对复杂的家事纠纷，法官自然是心有余而力不足的。另外，在法院环境中进行调解，当事人的对抗情绪也会比较突出。

就人民调解而言，由于调解员来自各行各业，不一定具备足够的专业知识，调解队伍专业素养参差不齐，因此，当事人往往对人民调解的调解效果期待值不高，从而大大限制了人民调解发挥其应有的作用。

三、律师市场化调解参与家事纠纷调解的可行性路径

（一）以律师调解方式解决家事纠纷的必要性

如前文所言，家事纠纷涉及家庭成员的合法权益和情感关系，家事纠纷的解决不仅需要法律专业知识，还需要情感理解和专业技巧。律师参与家事纠纷调解可以增强调解的专业性、公正性和效率性，为当事人提供全方位的法律保障和情感支持。具体而言，律师参与家事纠纷调解的必要性体现为以下几点。

第一，律师参与调解满足家事纠纷调解对调解员的法律专业知识和经验的要求。律师是受过专业法律培训和教育的人，具有丰富的法律知识和实践经验。在家事纠纷调解中，律师可以以中立的态度为当事人讲解专业的法律知识，帮助他们了解自己的权利和义务，理解法律规定和法律程序。律师可以解答当事人在纠纷解决过程中遇到的法律问题，引导他们做出符合法律规定的决策。

第二，律师相较当事人而言更为理性，可以充当公正第三方的角色。律师作为公正第三方，可以客观、中立地参与家事纠纷调解，协助当事人达成公平合理的解决方案。律师不属于家庭成员，没有直接利害关系，因此可以更客观地评估纠纷的各方利益，避免家庭成员因个人情感和利益之争而陷入僵局。律师的参与可以确保调解过程的公平性，维护当事人的合法权益。

第三，业务经验丰富的律师能够为家事纠纷当事人提供情感支持和沟通协助。家事纠纷调解涉及家庭成员之间的情感问题，有时候当事人可能情绪激动，难以冷静理性地进行沟通。律师作为专业人士，可以为当事人提供情感支持，帮助他们厘清情感纠葛，理解彼此的立场和需求。律师也可以协助当事人进行有效沟通，避免情感冲突影响调解的进程。

第四，律师参与家事纠纷调解能够节约大量司法资源，减轻法院负担。根据最高人民法院公布的数据，2022 年我国各地区各级法院对婚姻家庭、继承一审案件的收案数量共计 1791301 件，结案数量共计 1816025 件，其中采取诉讼程序审理的案件共计 667002 件，采取调解方式处理的案件共计 776502 件。以上数据表明，我国法院每年要受理上百万件家事纠纷案件，近半数案件通过诉讼程序解决，由此可见，法院的办案压力非常大。而如果注重发挥律师对家事纠纷调解的巨大作用，就能促进当事人通过和解达成一致，避免长期的诉讼过程，节约司法资源。律师的参与可以使调解过程更加高效，帮助当事人尽早解决纠纷，回归正常生活。

（二）家事纠纷领域律师调解的模式构建

如前文所述，我国已出台了若干指导意见，为律师调解工作模式的框架建设指明了方向，但具体各种模式如何发挥其应有的功能和作用，还缺乏较为明确的操作规范。本部分将结合各地实践和笔者自身办案经验，基于现有的框架，提出具有可操作性的具体模式。

第一，律师调解组织与法院建立联合机制。由各地律师协会牵头，集聚本地优良律师资源，组建律师调解组织，与法院建立解决家事纠纷的联合机制，包括但不限于以签订合作协议等形式建立合作机制，明确各自的职责和权利，规定家事纠纷的调解方式、调解程序、调解结果的认可等内容；确立案件交办和反馈机制；建立信息共享与协调配合机制。

第二，妇联、社区、家事人民调解组织建立合作机制。由上述合作单位对家事纠纷案件进行初步筛选，将适合调解且较为复杂的家事纠纷案件交由律师调解员处理。同时律师调解员也可以作为顾问开展与其他调解员的交流合作，提供法律咨询和支持，帮助其他调解员解决法律问题。

第三，设立律师调解专门空间。律师调解员可以通过在法院内部、调解组织、公共法律服务中心设立的律师调解工作室专门协助处理家事纠纷。要做好律师调解员的认证工作，加强家事纠纷调解理论知识、调解技巧、情感支持等方面的培训。

（三）完善家事领域律师准入资格

第一，明确家事律师调解员的资质要求。家事纠纷具备非理性的特征，并非简单的利益冲突，其中还夹杂着复杂的情感因素。因此，从事家事纠纷调解的律师调解员需要具备法律、社会工作和心理学等各方面的专业知识及相关素养。

第二，规范家事律师调解员的准入程序。律师调解员应当经过理论与实务的培训及考核，并且经过相关调解组织的认证，如此方能开展调解。

第三，健全家事律师调解员的从业规范。家事律师调解员应当严格按照律师开展调解的规范要求，遵守基本的职业准则，熟悉家事调解实务的操作规范，能够避免利益冲突，准确识别虚假调解。

四、家事纠纷律师调解适用对象

（一）双方当事人

律师调解员直接接受双方委托调解纠纷，与社区、妇联等组织沟通协商，为双方维权提供必要的协助。

（二）行业协会或婚姻家庭权益保护组织

通过专项采购调解服务的方式处理纠纷，提供包括调解调研、调解培训、调解婚姻弱势一方申请的纠纷案件在内的服务，在涉及财产金额较大的情况下引导双方当事人通过市场化调解解决纠纷。

第三节　涉物业纠纷调解

一、物业纠纷概述

（一）物业纠纷的产生背景

1. 物业服务行业快速增长

随着我国经济发展，城市化进程全面推进，居民小区成为城市治理的最小单元。新建商品房面积全面增长，物业服务行业快速增长。以杭州地区为例，杭州市人民政府发布的《杭州市住房保障和房地产发展"十四五"规划》显示，2016—2020 年，杭州市累计竣工商品住房面积 5024 万平方米，成交商品住房面积达 7644.9 万平方米，年平均规模分别是 2011—2015 年间的 1.15 倍、1.59 倍。随着房地产行业的快速发展以及居住条件的普遍提升，居民对物业服务的需求也逐步提升。截至 2018 年末，杭州市物业服务行业共有企业 2983 家、资产 830.34 亿元、从业人员 14.36 万人，比 2013 年末分别增长 93.5%、280%、57.5%。物业服务行业快速增长。《杭州市住房保障和房地产发展"十四五"规划》还指出：争取到 2025 年末，全市住宅小区物业服务覆盖率达 85% 以上；实现物业服务行业法人单位年营业收入 400 亿元以上；确保物业管理行业增加值占全市 GDP 的比重达到 1.8% 以上，力争达到 2%—3%。物业服务行业的快速发展也带来了物业纠纷的大量爆发。物业服务合同不同于一般的民事合同，没有个别磋商的过程，而是由业主团体代表全体业主与物业服务企业统一磋商，磋商结果对全体业主具有约束力。因此，在物业服务合同履行过程中，业主与物业服务企业的矛盾日益增多，一边是物业服务企业收不上物业费，另一边是业主对物业服务质量的诸多不满，停车位归属、物业经营性收入归属、物业费定价、物业费缴交、维修基金使用等焦点问题更是矛盾突出，涉诉比例逐年上升，物业纠纷逐渐成为社会治理的难点。若不能妥善化解纠纷，则会激化物业服务企业与业主之间的矛盾，导致双方丧失信任，不利于小区和谐，也给社会带来不稳定因素。

2. 业主大会和业委会不能正常组建和运转

业主大会、业委会是小区业主自主管理的机构，在决定聘用物业服务企业、使用小区维修资金等小区管理职能方面具有国家赋予的充分的法律地位。但是，在实践中，业主大会和业委会的组建存在诸多现实困难。首先是业主参与度不高、权利意识不强，只知道出了问题去找物业、居委会和当地政府，不知道事先参与业主大会和业委会的建设，维护业主权利；其次也有前期物业服务企业的问题，前期物业服务企业对于业主大会成立后其能否续任具有不确定性，因此对于应当配合提交的材料一拖再拖，客观上给业主大会和业委会的组建造成了障碍。

3. 开发商遗留问题

由于很多小区的物业服务企业依然是开发商确定的前期物业服务企业，和开发商有着千丝万缕的关系，所以当存在开发商遗留问题，而开发商又没有出面解决时，业主很容易将矛头指向前期物业服务企业。例如，最典型的就是房屋质量问题，比如墙面开裂、墙皮脱落等，还有购房时与入住后的规划变更导致小区环境、设施发生改变，以及建筑权属不清等遗留问题。

（二）物业纠纷的类型

物业纠纷的类型层出不穷，涉及业主、物业服务企业、业委会、开发商等多方法律关系，主要类型为以下几种。

1. 因开发商遗留问题引发的纠纷

由开发商导致的房屋质量问题等在业主入住后暴露出来，又长期得不到解决，导致业主迁怒于物业服务企业，特别是开发商选聘的前期物业服务企业。

2. 关于物业费收费标准的纠纷

物业费上涨引发业主关于物业费收费依据以及涨价程序是否合规的争议，或是因物业服务质量与物业费收费标准不对等而产生纠纷。

3. 业主知情权纠纷

业主知情权纠纷是指在物业服务合同法律关系项下，物业服务企业或者业主委员会未依法依约公开信息，例如物业经营性收入情况、维修资金的筹集及使用情况等，损害业主知情权而产生的纠纷。

4. 因物业服务质量问题引发的纠纷

物业服务涉及保安、保洁、保绿、保修、客服中心等诸多事宜，若物业服务质量存在问题，业主往往通过拒交物业费来抗争，双方僵持不下。

（三）物业纠纷的基本特征

1. 案件数量庞大

在中国裁判文书网上进行检索，筛选条件为关键词选择"物业管理"、案由选择"民事"，共筛选出 296 万余件案件，其中杭州地区案件约为 2.7 万件。总体而言，物业纠纷呈现爆发式增长的态势，一家物业服务企业可能就涉及成百上千件物业纠纷，形成批量案件，激化法院长期以来案多人少的矛盾，增加了法院的办案压力。

2. 纠纷类型多样

物业纠纷的数量与日俱增，纠纷类型也层出不穷，涉及物业管理的方方面面，呈现出复杂性和多样性。上海住宅物业网的投诉情况显示，投诉类型包括物业人员服务态度、共用设施设备维修服务、维修资金账目公布、车辆停放管理、物业服务企业收费等。纠纷类型的多样性带来纠纷处理难度的提升，需根据不同的纠纷情况对症下药。

3. 案件推进困难

在物业服务企业与业主的法律关系中，物业服务企业关于物业费的主张有明确的合同依据且举证难度低，更容易得到法院支持。而业主在以物业服务质量问题作为不缴纳物业费的抗辩理由或者主张物业服务企业存在其他的违约或侵权责任时，由于缺乏明确的物业服务质量标准且举证难度较大，往往处于比较弱势的地位。故部分业主采取消极应诉策略，以拒收法院材料、开庭拒不到庭应诉、拒收法律文书、拒不履行生效判决等方式消极对抗，拉长诉讼周期，增加审理及执行的难度。即使顺利执行，之后仍然继续拖欠物业费，所以物业服务企业反复起诉同一业主追讨物业费的情况也并不少见。

4. 群体效应突出

由于涉案业主人数众多，业主常常会采取"抱团取暖"的方式维权，但是受群体效应的影响，时常彼此观望。在以判决方式结案的物业纠纷案件中，往往是物业服务企业胜诉，这一判决结果容易引起业主对法院的不满，情绪激化后拖欠物业费的情况会更加严重，且可能引发业主的群体性上访，造成严重的社会影响。

二、物业纠纷调解的现状及不足

物业问题，是关系家家户户切身利益的民生问题。杭州市于 2021 年 7 月

30 日出台了修订后的《杭州市物业管理条例》，将物业管理纳入基层社会治理体系，创新设立物业管理委员会制度，充分落实街道（乡镇）、社区对物业管理活动的指导监督职能；2021 年 1 月 1 日实施的《中华人民共和国民法典》将物业服务合同作为合同编的专门一章，规定了从第 937 条到第 950 条共 14 条法律条文，足见对物业纠纷的重视。但物业纠纷案件数量庞大、纠纷类型多样且群体效应突出，仅靠法院审判来解决，不具有现实可行性，且无法起到定分止争的作用。目前，各地法院和调解机构都在探索以调解方式解决物业纠纷的可行路径。

（一）物业纠纷调解的现状

近年来，国务院、最高人民法院都陆续出台了多项关于多元化纠纷解决机制构建的规定，为各地物业纠纷调解指明了方向。2023 年 9 月，最高人民法院、司法部出台《关于充分发挥人民调解基础性作用 推进诉源治理的意见》（以下简称《意见》），提出充分发挥人民调解在矛盾纠纷预防化解中的基础性作用，深入推进诉源治理，从源头上减少诉讼增量。《意见》要求夯实人民调解"第一道防线"，加强重点领域矛盾纠纷化解，进一步加强医疗、道路交通、劳动争议、物业等领域的人民调解工作，积极向消费、旅游、金融、保险、知识产权等领域拓展。《意见》首次明确提出"物业"领域，并将其作为重点领域推进。

为贯彻落实《意见》的精神，各地依托现有人民调解组织，逐步建立健全物业纠纷调解组织，形成市、区县、街乡、社区四级物业纠纷调解体系，重点解决围绕物业使用和维护、物业服务、物业交接发生的业主（使用人）之间、业主与业主委员会之间、业主（使用人）或业主委员会与物业服务企业之间、物业服务企业之间的各类民事纠纷。物业纠纷调解组织通过营造调解氛围、组建物业纠纷法律顾问团、健全考核机制等措施，构建物业纠纷调解网络，积极化解辖区内各种物业矛盾，在促进社会和谐稳定发展方面发挥了积极作用。

（二）现有物业纠纷调解的不足

1. 未化解深层矛盾，诉源治理缺乏实效

物业纠纷中存在大量业主拖欠物业费的纠纷，因案件数量多、拖欠物业费的背后原因错综复杂、基层调解员专业能力有限，协商出一个业主和物业服务企业都相对能接受的折扣，将拖欠的物业费打折结清，无疑是最简便的方法。但这种调解方式没有找到并解决拖欠物业费背后的深层次原因，无法从根本上化解矛盾，业主仍然会继续拖欠物业费，同样的纠纷会反复出现。甚至还可能让业主"尝到甜头"，恶意拖欠物业费来达到打折目的。

2. 调解规则缺失，责任认定难度大

物业服务企业的合同义务履行情况通常是物业纠纷的争议焦点，在纠纷化解的过程中必须进行有效评判和明确的责任划分。然而，在上位法层面，《民法典》中对于物业服务合同的相关规定大多属于概括性、原则性的规定。物业服务合同中通常约定物业服务质量标准按照中国物业管理协会发布的《普通住宅小区物业管理服务等级标准（试行）》或者当地的《住宅物业服务标准》执行，例如，国家市场监督管理总局推行的合同模板库中的物业服务合同示范文本中即有"乙方提供的物业服务质量按第____种执行。1. 物业服务标准等级按照《住宅物业服务标准》规定的____级执行。2.____"。但上述行业标准仅仅划分了物业服务的等级职能，各方在签订物业服务合同时也只是对上述行业标准进行简单、机械的适用，缺乏科学完善的物业服务质量评价机制。且物业服务质量问题存在举证困难的问题，业主私力获取的证据一般以照片、录音和其他业主证明等形式出现，证明力较弱，更是加大了责任认定的难度。

3. 调解专业能力有限，高度依赖示范判决

由于物业纠纷类型的复杂性以及明确调解标准的缺失，物业纠纷调解难

度较大，而基层调解员往往由居委会成员、业主代表、物业服务企业代表组成，法律专业能力有限，在双方就法律问题存在争议的情况下，难以就争议焦点做出确定的说理和结论，存在不会调、不敢调的情况。对于纠纷双方而言，在存在法律争议的情况下，如调解员不是法律专业人士，就不具有公信力，故而调解成功率很低。这些案件最终还是涌向法院，由法院做出示范判决，调解组织根据示范判决结果进行批量化的调解，调解工作滞后，并没有发挥出调解的真正价值。

三、律师市场化调解参与物业纠纷调解的可行性路径

（一）成立专门调解中心，提供一体化解纷平台

随着物业纠纷的爆发式增长，现有调解组织面临调解力量薄弱、同类型纠纷处理经验欠缺等问题。建立专门的物业纠纷调解中心，引入专业律师作为调解员进行市场化调解，可以有效缓解现有调解组织及法院的办案压力，提高调解的专业性，提高调解效率。以杭州市为例，杭州律谐调解中心为杭州市某区住建局提供专项调解服务，集合杭州律师行业力量，组建了一支专业的调解队伍，将普法宣传、矛盾预警、诉前调解、纠纷溯源等各个环节有机结合，为当地的物业纠纷提供了一体化解纷平台。

（二）发挥专业调解能力，分类化解诉源纠纷

物业纠纷，看似大多为简单的拖欠物业费纠纷，实则背后有长期积累的复杂矛盾，可能涉及业主、物业服务企业、业委会、开发商、相关政府部门等多方之间的法律关系。从法律体系上看，新实施的《民法典》将物业服务合同作为典型合同进行了专章规定；《物业管理条例》、《最高人民法院关于

审理物业服务纠纷案件适用法律若干问题的解释》（2020 年修正）等规范性文件、司法解释对物业管理规定进行了细化；各地政府及司法机构也有自己的物业管理条例及司法实践指引。面对纷繁复杂的法律关系以及各级法律法规的适用问题，仅当和稀泥的和事佬是坚决行不通的，律师调解可以充分发挥专业优势，厘清权利义务关系，抓住物业纠纷的本质，对不同的诉源纠纷分类化解，将物业纠纷化解在诉前、化解在基层、化解在萌芽状态，减轻法院办案压力，缓和纠纷主体矛盾。具体而言，根据不同的调解，处理方式可以分为以下四类。

1. 不属于物业服务企业责任的，告知另行起诉

对于开发商原因导致的房屋质量问题，如房屋自身漏水、漏风、透气等使用功能减损，或是外墙脱落等外观减损，或是设计规划问题，如层高不足、容积率不足、绿化不足、格局不合理、大型配套设施未建设等，律师调解员应先了解具体情况及原因，确为开发商过错的，联系开发商协商解决。开发商拒不处理的，告知业主可另行起诉。

对于第三方原因导致的财产损失或人身损害，如邻居装修行为导致房屋漏水、宠物咬人、车辆刮划等，律师调解员应告知物业服务企业予以协调处理，协调不成的，告知业主可另行起诉。

2. 对于因业主认知偏差导致的纠纷，予以解释说明

业主的认知偏差，主要表现为业主认为自己并未与物业服务企业签订合同，或者是认为原合同到期后物业服务企业因尚未签订新合同或已撤场而不再服务，拒绝支付物业费。律师调解员可以利用专业优势，向业主解释说明开发商、业委会等其他有权主体签署合同的法律依据，以及对于原合同到期下实际持续提供的服务或在之前已经提供的服务应当付费的法律依据。

若业主关于物业费涨价问题存在纠纷，律师调解员应与物业服务企业核实涨价程序的合规性，若存在程序违规则告知业主可以提起撤销权之诉。如涨价程序合法合规，则律师调解员应要求物业服务企业向业主提供物业费的收费依据，并配合解释说明，如涉及业主对物业服务质量不满，则另行调查处理。

3. 对于业主知情权纠纷，要求物业服务企业定期公开

业主知情权纠纷主要表现为关于经营性收入的争议，即业主认为小区经营性收入被挪用或被用于其他不合理开支，或是认为经营性收入开支情况不够公开透明。律师调解员应当首先向双方解释说明经营性收入归全体业主所有的基本法律关系，经营性收入的开支决策也可通过召开业主大会等途径进行统一协调，公开性问题则由物业服务企业配合业委会予以公开说明。

4. 对于物业服务质量纠纷，整理问题清单，明晰责任主体

物业服务质量纠纷，是物业纠纷中最常见的类型，也是业主拖欠物业费背后的一大原因，主要表现为对物业服务企业"四保"，即保安、保洁、保绿、保修，以及对客服中心的服务频次、品质、态度等问题的争议。律师调解员应当协同业委会、居委会共同调查，整理问题清单，并从专业角度分析是否确系物业服务企业服务质量不到位，明晰责任主体，然后要求物业服务企业限期整改并将整改情况在小区内公示。

（三）建立合作机制，形成多方主体联调

在一般的法律纠纷调解过程中，调解律师通常处于连接原告、被告与司法机关的关系链中，但物业纠纷具有其特殊性，需要引入其他主体联调。其一，物业纠纷的事实调查工作需要业委会、居委会的配合，他们对业主以及物业服务企业的情况最为了解，也能够提供人手参与深入调查工作；其二，业委会、居委会与业主之间的关系更加密切，方便开展沟通安抚工作；其三，物业服务质量的整改监督需要物业协会、住建局、房管局的共同参与。只有协同各方力量，建立合作机制，形成多方主体联调，才能提高物业纠纷的调解成功率和调解效率。

（四）做好类案宣传，从源头上减少物业纠纷

物业纠纷涉及业主人数众多，影响面很广，但纠纷类型相对集中，特别是同一物业服务企业服务的多个小区之间的物业纠纷有高度相似性。因此，做好类案宣传就很有必要。律师参与物业纠纷的市场化调解，可以迅速捕捉各级法院的最新司法判例和裁判观点，并结合调解实务案例就各种纠纷类型，总结归纳出纠纷解决的司法途径及司法实务，让业主更懂法，让物业服务企业更守法，从源头上减少物业纠纷的产生。

四、物业纠纷律师调解适用对象

（一）行政机关

各地行政机关，特别是住建部门，负责当地物业服务行业管理工作，日常受理物业纠纷投诉。住建部门通过专项采购调解服务方式处理纠纷，律师调解为住建部门提供专业法律支撑，助力职能部门依法行政水平不断提升。

（二）物业管理协会

物业管理协会作为行业性自律组织，应当逐步建立完善物业纠纷调解机制。物业管理协会尝试开展专项采购调解服务，可以为物业管理协会现有的调解体系引入更专业的力量，提升调解成功率和会员满意度。

（三）业主委员会

业主委员会由业主大会选举产生，有权代表全体业主委托律师调解员介入小区内的物业纠纷调解，沟通协调小区业主与物业公司的矛盾纠纷。

（四）物业公司

物业纠纷一旦产生，就会涉及大量业主，调解起来耗时耗力，且可能形成群体性事件，影响物业公司声誉。因此，物业公司可以委托律师调解员进行物业纠纷调解，形成高效的可行性调解方案，推动纠纷的及时化解。

（五）业主

业主作为物业纠纷当事人，可以直接委托律师调解员进行调解，尽早解决纠纷问题，避免在民事诉讼程序中投入大量的时间和人力成本。

第五章

chapter 05

经典调解案例评析

第一节 证券纠纷调解案例

　　随着经济形势的日益复杂，债券违约以及证券虚假陈述纠纷案件不断增加。由于债券投资人的专业判断能力、信息获取能力以及风险承担能力均不相同，基于债券投资人人数多、较分散的特点，我国新修订的《证券法》加大了对投资人的保护力度。同时，随着维权意识的提高，投资人开始通过诉讼来维护自己的合法权益，要求发行人及相关中介机构等承担违约或赔偿责任。大量的案件给法院的司法裁判造成了很大压力，同时投资人之间不同的诉求也加大了纠纷处理的难度。

　　债券还本付息的性质使债券虚假陈述赔偿的认定与股票有所不同。最高人民法院于 2003 年颁布的《关于审理证券市场因虚假陈述引发的民事赔偿案件的若干规定》（以下简称《若干规定》）并不能解决现有债券纠纷。2020 年 7 月 15 日，最高人民法院印发《全国法院审理债券纠纷案件座谈会纪要》（以下简称《债券会议纪要》），对债券纠纷中的审理原则以及债券欺诈发行、虚假陈述案件中侵权行为、因果关系、归责原则、损害后果等都做出了不同于《若干规定》的规定，解决了一部分法律问题，但对于其中中介机构责任如何承担仍有很多争议。以下案件是证券虚假陈述调解的疑难案件之一，涉及债券虚假陈述以及中介机构担责。

一、案情简介

某集团股份有限公司（下称"发行人"）发行公司债券，B证券股份有限公司（下称"B公司"）为承销商及受托管理人。两年后，公司债券因无法按期兑付本息，构成违约。此后，中国证监会对发行人、中介机构做出行政处罚。同时，发行人进入破产程序，实际无履约能力，投资人通过各种途径进行维权。

投资人A依法提起诉讼，要求B公司就前述证券虚假陈述行为导致的投资损失进行赔偿。法院通过线上平台指派调解组织对投资人A与B公司之间的证券虚假陈述责任纠纷进行调解。

二、调解的过程及结果

（一）双方当事人诉求及争议焦点

投资人A认为B公司的证券虚假陈述行为已经被证监会行政处罚，B公司应当承担赔偿责任。但是由于诉讼程序流程长、耗时持久，投资人A希望尽快获赔，愿意自己承担一部分损失。

B公司认为自己虽被证监会处罚，但尚未有任何生效裁判文书认定证券公司应当承担责任，但基于法律判断以及社会舆情，决定在可以承担的范围内按一定比例先行赔付。

由于债券类虚假陈述纠纷此前并无相关的案例，中介机构如何担责存争议，故调解案件争议焦点为：B公司是否应当承担赔偿责任？赔偿范围多大？

（二）专业分析

首先，涉案债券系在证券市场上公开发行的公司债券，因此从《证券法》、《若干规定》、《全国法院民商事审判工作会议纪要》（以下简称《九民纪要》）以及当时的《全国法院审理债券纠纷案件座谈会纪要（征求意见稿）》（以下简称《债券纪要征求意见稿》，于 2019 年 12 月 24 日公布）出发，对本案纠纷的侵权行为、损失计算、因果关系等进行充分论证。

其次，调解中结合虚假陈述行为调查和行政处罚的认定，以及《若干规定》与《债券纪要征求意见稿》对实施日、揭露日、基准日的认定，对投资人范围进行确定并根据相关法律分析进行投资损失的计算。

再次，从《九民纪要》第 85 条关于虚假陈述重大性及信赖要件的规定出发〔重大性是指可能对投资人进行投资决策具有重要影响的信息；信赖要件是指信息披露是否足以影响投资人的投资决策或市场交易价格。但是由于债券还本付息的特殊性，《债券纪要征求意见稿》明确债券纠纷中以足以影响投资人对发行人偿债（偿付）能力判断作为重大性的判断基准〕，结合上述规定以及 B 公司行政处罚认定的结果，对 B 公司的侵权行为提出合理化建议。

最后，根据《若干规定》，以投资差额损失为基础，考虑债券还本付息的性质，最终确定投资人的损失。考虑发行人本身的经营不善、资金运用不规范等因素，以及市场不景气等大环境背景对本案的影响，平衡双方权益，协商确定赔付比例。

（三）调解结果

双方就本案争议的损失赔偿金额等争议事项达成一致并签订调解协议后，调解组织通过线上平台引导双方当事人提交材料进行线上视频调解，确定细节并在线签署调解笔录，确认调解协议，直接线上申请司法确认。司法确认后，B 公司及时履行了相关付款义务，投资人 A 与 B 公司对于调解结果以及调解协议履行情况均非常满意。

该证券纠纷调解案件通过线上平台成功调解，人民法院与调解组织经过在线配合衔接，使投资人"足不出户"参与在线调解，不仅保障了投资人的权利行使，便利了投资人维权，而且降低了投资人维权的风险和成本。证券纠纷的化解有利于资本市场健康平稳运行和社会和谐稳定，具有良好的司法效益、经济效益和社会效益。

三、调解难点

本案涉及从《若干规定》《债券纪要征求意见稿》到《债券会议纪要》的时间变化过程，而其中涉及的中介机构责任承担范围问题，不仅仅是调解案件当事人所关心的问题，也是债券行业发展所关注的问题。

（一）从侵权责任构成来看中介机构责任承担范围

1. 债券纠纷审理原则

《债券会议纪要》明确坚持"卖者尽责、买者自负"原则，由发行人经营与收益的变化导致的投资风险，依法应当由投资人自行负责；欺诈发行、虚假陈述等侵权案件中中介机构的责任应当与中介机构的注意义务、注意能力和过错程度相结合。

在本案中，从"卖者尽责"出发，对于发行人，不论是否构成侵权责任，其还本付息义务不会因此免除；对于中介机构，则应当充分考虑其侵权行为，做出与其过错程度一致的判决。从"买者自负"出发，投资人当中有专业的机构投资人，其与个人投资人在风险识别能力和风险承担能力方面均有所不同。在开展调解过程中，个人投资人与机构投资人对于调解方案的接受程度也有较大的差异。

因此在案件审理或调解过程中可以充分考虑中介机构的过错程度以及投资人之间的不同情况，尽可能贯彻"卖者尽责、买者自负"的原则，引导当事人之间达成更平衡各方权益的调解协议。

2. 侵权行为

中介机构侵权行为的认定应当审查虚假陈述是否具有重大性及信赖要件。《债券会议纪要》明确债券纠纷中以足以影响投资人对发行人偿债（偿付）能力判断作为重大性及信赖要件的判断基准。

不少中介机构从业人士指出，债券虚假陈述案件中存在虚假陈述风险以及投资的固有风险。但在发行人无法按时兑付，进入破产危机时，投资人的债券无法兑付本息的损失并非均是由虚假陈述所致，而有多方面的因素。

3. 因果关系

对于债券纠纷中的因果关系，投资人在欺诈发行、虚假陈述行为实施日及之后、揭露日之前在交易市场上买入即可认定。同时，根据《债券会议纪要》第24条，由非系统性风险导致的其他因素也应当排除，人民法院在案件审理中，可以委托市场投资人认可的专业机构确定欺诈发行、虚假陈述行为对债券持有人和债券投资人损失的影响。

近年来，法院在审理股票虚假陈述案件中开始关注发行人非系统性风险的存在，比如发行人在实施日到揭露日期间是否发布如重大业绩亏损、重大资产重组失败等利空公告。债券虚假陈述案件中非系统性风险也应予以考虑。需要被剔除的非系统性风险可能包括：发行人生产经营过程中的重大决策失误导致发行人资产减少，行业发展的重大不利因素导致发行人的债务履行能力降低，等等。在债券虚假陈述案件中，与股票类不同，该等风险的扣除需重点关注其对发行人偿债能力产生的影响，从而判断认定所需扣除的风险比例。

4. 归责原则

结合《债券会议纪要》第29—31条规定的债券承销机构、债券服务机

构的过错认定和债券承销机构的免责抗辩，以及债券纠纷审理原则中规定的
"将责任与过错程度相结合"，在确定债券中介服务机构的权利和义务时，根
据专业和非专业事项区分特别注意义务和普通注意义务，区分故意、过失等
不同情况，分别确定其应当承担的法律责任。

5. 损害后果

《债券会议纪要》第 22 条改变了《债券纪要征求意见稿》对于损失认定
的计算方式，指出：在一审判决做出前仍然持有该债券的，债券持有人请求
按照"支付当期利息或者到期本息，并支付逾期利息、违约金、实现债权的
合理费用"的规定计算损失赔偿数额的，人民法院应当予以支持；债券持有
人请求赔偿虚假陈述行为所导致的利息损失的，人民法院应当在综合考量欺
诈发行、虚假陈述等因素的基础上，根据相关虚假陈述内容被揭露后的发行
人真实信用状况所对应的债券发行利率或者债券估值，确定合理的利率赔偿
标准。

《债券会议纪要》以债券本息损失确定虚假陈述基础损失，因此如果发生
债券虚假陈述，则承销商等被告承担的责任比例等于全部的债券清偿责任。
发行人最终发生的债券违约并不仅仅是虚假陈述这一单一行为导致的，故债
券虚假陈述的基础损失认定范围十分宽泛。因此，在确定债券虚假陈述的赔
偿范围时，应当严格审查其因果关系，并且充分考虑此类案件关于过错的
认定。

（二）从行业发展需求来看中介机构责任承担范围

根据债券项目的收费标准，中介机构的收费一般在几万元至几十万元之
间；承销商相对较高，但由于券商之间的激烈竞争，收益率保持在较低水平。
若要求承销商承担全部责任，则中介机构为避免承担比收益高数十倍或百倍
的风险，可能不会再为民营企业提供信用债市场发债服务，从而导致资质相
对较弱的民营企业将被排除在服务对象之外，不仅影响债券市场的平衡发展，

更有可能进一步加重民营企业融资难、融资贵的问题。厘清责任不是说让所有的中介机构远离这个业务和市场，根本目的还是促进市场发展，促进民营企业信用债市场的发展。当然，债券市场的健康发展也依赖于有力的监管措施以及程度适当的责任承担。因此，在调解过程中充分考虑投资者利益保护与行业健康发展之间的平衡也尤为重要。

四、调解案例的启示

（一）证券纠纷的调解方式

第一，依法专业研判。《最高人民法院关于审理证券市场虚假陈述侵权民事赔偿案件的若干规定》于 2022 年 1 月 22 日开始实施，同时债券虚假陈述与股票虚假陈述存在区别，确定中介机构承担虚假陈述责任的担责要件、赔偿范围存在很多司法上的难题。开展证券纠纷调解时，律师调解员需要结合双方当事人的诉求和各项因素做出解释说明并进行依法研判，最终形成调解方案，促成调解。

第二，统筹调解策略。一般证券纠纷涉及成百上千的投资人，投资人的想法各不相同，因此针对此类群体性案件的调解应当用"以点带面"的方式开展：当发行人、中介机构等虚假陈述责任人提出初步调解方案，调解团队进行研判后，可以先尝试以个别调解的方式开展调解工作，后续随着调解的深入再尝试进行集体调解。

第三，保证调解效率。群体性调解应当充分运用信息化技术手段，建立智能化解纷机制，提高调解效率，必要时可以与投资者保护机构充分合作。

（二）证券纠纷调解的优势

若法院要求中介机构对于债券虚假陈述承担连带赔偿责任，中介机构承担的民事赔偿责任巨大，对后续类似案件的示范效应以及对行业的发展影响也巨大。同时，由于涉及过重的责任承担，中介机构往往会穷尽所有的诉讼途径，这导致投资人无法及时、快速地获得赔偿。相较于诉讼这一刚性处理方式，采取柔性的和解方式更有利于化解证券纠纷案件风险，及时满足投资人的需求，也可避免对行业造成过度冲击。

得益于上述努力，该证券虚假陈述责任纠纷调解不仅让投资人和中介机构都十分满意，还减轻了法院的诉累，降低群体性事件的风险，并为此后债券虚假陈述责任纠纷调解、集体调解树立了标杆，总结了经验，切实、依法维护了证券市场秩序和投资人的合法权益。

第二节 家事纠纷调解案例

在纠纷调解方面，婚姻家事领域既是传统领域，也是与时俱进的领域。近些年来，我国婚姻家庭法律法规不断完善。2021年1月1日，《中华人民共和国民法典》正式施行，其中的婚姻家庭编和继承编为新时代夫妻关系和家庭关系提供了规范，《民法典》婚姻家庭编和继承编的司法解释亦同步施行。法律对于婚姻家庭关系的调整与每个人的利益息息相关，婚姻家事法律服务正发挥着越来越重要的作用。尤其是随着社会经济的不断发展、私人财富的不断积累，社会公众在婚姻家事领域的需求愈加多元化、精细化。

另一方面，随着社会的不断发展，民众受教育的水平不断提高，人们的婚姻观念也发生了重大变化，离婚率出现了大幅上涨的趋势。民政部发布的数据显示，2010年以来我国离婚人数不断上升，2019年达到470.1万对，比2010年的267.8万对增长了近一倍。同时，国家统计局《中国统计年鉴－2022》数据显示，2021年全国离婚纠纷一审结案件数量约139.5万件，其中，判决结案量约53.7万件，调解结案量约54.7万件，撤诉约28.6万件，不予受理约0.1万件，驳回起诉约1.3万件，其他约1.1万件，可见在离婚纠纷中调解结案是最主要的一种结案方式。

律师调解员从法理、情理等多方面出发处理离婚财产纠纷案件，有利于矛盾纠纷的解决。

一、案情简介

A 先生婚前持有甲公司股票，甲公司在 A 先生婚前上市。在与 B 女士结婚后，该公司股票价值有较大幅增值，A 先生处置掉部分股票获得现金收益。双方就 A 先生婚前所持有的股票以及婚后该股票的收益在离婚纠纷中的分割问题产生纠纷。

二、调解的过程及结果

（一）双方当事人诉求及争议焦点

A 先生认为，甲公司以及变卖甲公司股票所得的现金属于其婚前个人财产；B 女士认为，甲公司股票在婚姻关系存续期间产生的收益及增值部分属于夫妻共同财产。本案争议焦点为 A 先生所持甲公司股票以及股票在婚姻关系存续期间产生的收益和增值部分如何进行分割。

（二）调解过程

首先，律师调解员向 A 先生与 B 女士分析了通过诉讼与调解方式进行财产分割的优势和劣势。诉讼方式的优势在于在双方分歧较大无法协商一致时，法院能够中立地解决本次财产分割问题。相比较之下，调解方式更具有灵活性。其一，双方感情基础较为深厚，且子女均年幼，通过协议方式分割财产可以最大限度地降低双方感情现状对子女的影响，也能够最大限度地降低因标的财产金额巨大而造成的外界关注；其二，不同于诉讼只能进行"二选一"的分割方式，调解可以采取更为缓和的方式分配财产，提供更具个性化的设计，例如约定通过信托等方式将部分财产附条件地留给子女；其三，鉴于 A 先生长期患病，又没有其他直系亲属，离婚后，从为子女角度考虑，双方尚需保持良好的关系，调解更加容易维护后续关系。双方当事人采纳了建议，决定以调解员居中调解的方式解决本次纠纷，而将法院诉讼作为辅助备选方案。

其后，在律师调解员的居中调解下，双方就 A 先生与 B 女士争议的焦点问题进行磋商和谈判，根据法律及司法解释的相关规定对财产性质进行界定，并结合相关司法实践，对于 A 先生的婚前财产以及婚前财产在婚姻关系存续期间产生的收益和增值部分进行区分。双方最终对于财产分割问题达成一致意见。

最后，律师调解员根据上述达成一致的认定规则，充分考虑夫妻双方家庭生活的具体情况和公司经营状况，促使双方当事人就各项财产归属及分割方式达成协议。

（三）调解结果

在本次调解中，调解员先后共组织双方当事人及代理人进行了三轮谈判，分别与双方电话沟通二十余次，持续时间近两个月。根据调解实际情况和双方当事人达成的财产分割协议，调解员制作调解笔录，组织双方签订调解协议，并进行司法确认。司法确认后，双方当事人根据调解协议进行财产分割，A 先生与 B 女士对于调解结果以及调解协议履行情况均非常满意。

三、认定难点

本次调解的难点主要体现在两个方面：

（1）如何界定 A 先生所持甲公司股票及股票婚后增值部分的性质。

A 先生于婚前取得甲公司股票，因此该部分应当为 A 先生个人财产，具体价值可以建议按照结婚登记日之前最新的审计报告进行折算。针对收益部分，可以分为三部分：其一为现金股利，其二为股票股利，其三为增值部分。《民法典》第一千零六十二条规定："夫妻在婚姻关系存续期间所得的下列财产，为夫妻的共同财产，归夫妻共同所有：（一）工资、奖金、劳务报酬；（二）生产、经营、投资的收益；（三）知识产权的收益；（四）继承或者受赠的财产，但是本法第一千零六十三条第三项规定的除外；（五）其他应当归共同所有的财产。夫妻对共同财产，有平等的处理权。"持股所获得的红利，包括现金股利和股票股利，均系公司经营有盈余时才会有的红利分配，若有亏损则无法分派红利，此种收益属于投资风险所得之利益，应当属于投资收益，属于夫妻共同财产。对于婚后的股票增值部分，由于 A 先生还担任甲公司高管，结合夫妻一方或双方是否为该财产投入物资、劳动、管理等问题，根据司法实践，婚姻存续期间，一方对其婚前取得的股票具有经营行为的，股票的增值部分属于夫妻共同财产。

（2）如何认定涉案股票婚后增值部分分割比例。

由于 A 先生与 B 女士婚姻存续时间较长，具有深厚的感情基础，且双方婚姻存续期间养育子女，A 先生全身心投入甲公司的生产经营活动，B 女士不管是在照顾 A 先生方面还是在抚养子女方面都为家庭付出了巨大心血，双方基于实际情况以及上述法律分析综合确定分割比例。

四、调解案例的启示

本次调解案例为我们今后在婚姻家事纠纷中如何开展调解工作提供了指引，具体来说主要包括以下几个方面：

第一，形成中立的法律判断。在听取夫妻双方的陈述并查看了有关证据材料后，调解员应当对财产分割的基本情况有清晰的认知及分析，这是后续开展调解工作的基础。

第二，建立基础信任关系。离婚财产纠纷不同于普通的财产纠纷，在调解中由于情感因素的介入，双方对调解员的话语往往比较敏感。调解员一方面要保持中立性，在沟通中要力求避免让当事人产生调解员偏向对方的想法；另一方面要有共情力，特别是在夫妻双方有子女的情况下，要尽可能保证友好地调解，确保调解结果最优化。

第三，先易后难，各个击破。离婚纠纷调解时，当事人往往会有很多争议焦点，特别是涉案财产较多时。在调解时，应该根据实际情况逐个进行分析，逐个开展调解工作。离婚的利益诉求往往紧密联系，相辅相成，下一个争议焦点的解决，可能会对上一个搁置的争议的解决起促进作用。对于一个纠纷中的数个争议点，应当按照先易后难的顺序逐个击破，最终促成纠纷的顺利解决。

第三节　物业纠纷调解案例

一、案情简介

　　浙江省杭州市某物业公司与某房地产开发有限公司签订前期物业服务合同，为该小区业主提供物业服务。在此期间，小区业主与物业服务人员产生了激烈的矛盾。如小区业主吴某家中房屋渗水发霉，报修后物业服务人员并未及时回应，出现此问题的不止吴某一家。此外，该小区某栋楼本有两部电梯，其中一部因使用年限接近大修期限出现故障停运，只有另一部电梯可供使用，给业主的出行造成极大不便。业主认为物业怠于履行维修责任，故拒交物业费。该小区的高层住户还面临着水压不足、用水不便等问题。还有业主反映楼道内无保洁人员定期清扫，楼道门禁使用不灵敏，等等。大批业主拒交物业费，物业公司多次催索无果，双方矛盾尖锐。

二、调解的过程及结果

（一）双方当事人诉求及争议焦点

物业服务人员希望业主交纳物业费及滞纳金；业主以物业服务人员提供的服务不达标为由拒绝支付物业费。争议焦点是：业主能否以物业服务人员提供的服务质量差为由提出抗辩？物业服务人员的服务质量如何客观评估？

（二）调解过程

首先，从委托方物业服务公司处了解待调解业主及前期纠纷处理情况，建立待调解业主清单。

其次，对待调解业主清单上的业主进行走访调查或集中调查，明确其诉源问题，形成问题清单。律师调解员结合相关法律法规、已经发生法律效力的在先类案的检索、筛选，给出初步的法律分析意见。如部分业主与物业服务人员之间的诉源问题不属于物业服务人员的合同义务范围（如保质期内的房屋专有部分的质量问题及其导致的损失），此时需要协调第三方处理矛盾，告知业主拒交物业费无法解决问题。

再次，与物业服务公司进行沟通，一方面协调多方力量联动解决问题，如联系供水集团上门维修，加速维修资金使用的手续推进，要求开发商承担保质期内房屋的瑕疵担保责任，等等。另一方面，对于楼道内无保洁人员定期清扫、门禁使用不灵敏等问题，其虽然没有达到严重影响业主生活的程度，但确实降低了业主的生活质量，建议物业服务公司对上述问题在 2 个月内做出整改，并将整改结果于小区内公示。

最后，调解失败的，标注后移交材料。调解成功的，尽量让业主直接按照调解结果支付物业费。若业主不愿或无法立刻缴费，签署司法确认备用文书，给予一定期限履行期，超过该期限不履行的，由调解律师向法院申请司法确认并告知业主方可能造成的法律后果。

（三）调解结果

在多方的共同努力下，最终物业公司与该小区50余名业主达成调解协议。业主们的问题基本得到解决，也及时补交了物业费。至此，该系列纠纷得以圆满解决。

三、调解难点

在调解中，难以回避的问题是：业主以物业服务人员服务质量差为由拒交物业费在法律上是否有依据？在司法实践中一般如何认定？调解虽然是一种非诉讼手段，但是仍然应该尊重既有的司法判例，理解法院裁判的思路与背后的价值衡量。

（一）业主是否应当享有抗辩权

在物业纠纷中，最常见的是业主以物业服务质量差作为物业服务公司请求业主支付物业费权利的抗辩理由，这里存在两种观点。

一种观点认为：业主不应享有抗辩权。物业服务合同规定物业服务公司提供公共服务，每个业主支付的物业费与物业服务公司提供的服务之间不存在对价关系。[①] 此外，如果业主有少交或者不交物业费的抗辩权，会引发诸多问题，直接的如物业公司失去收入来源，经营困难，服务质量进一步降低，

---

① 杨遂全：《民商法争鸣（第4辑）》，法律出版社2011年版，第143页。

导致业主生活质量进一步降低；间接的如已经全额交纳物业费的业主主张退还物业费，就算此次不能退还，接下来不论是出于整体服务质量下降的考虑，还是受到其他业主影响，其都有可能成为潜在的抗辩权行使者。

另一种观点认为：业主应当享有抗辩权。物业服务合同是双务合同，双方互负对待给付义务。关于抗辩权的性质，有观点认为其是同时履行抗辩权，在实践中，一般约定某年度的物业费在当年度期间的某个时间点交纳，如果将一年视为一个整体，则物业公司的服务义务与业主的交费义务不存在先后顺序。[①] 有观点认为其是先履行抗辩权。[②] 这一区分在实践领域意义不大。在物业服务企业不履行合同义务或者瑕疵履行时，业主可以拒绝给付全部物业费或部分物业费。此外，如果过分强调物业服务合同的公共属性，那意味着业主维护自身合法权益的手段非常单一、低效，如需要通过业主团体与物业服务公司进行交涉。因此赋予单个业主拒绝交纳全部或者部分物业费的权利是一种私力救济的重要方式。

折中说认为业主应该享有抗辩权，但是主张进一步限制抗辩权的行使。如有学者认为需要达到一定数量业主的同意，才能行使抗辩权，拒交物业费；或者通过业主委员会行使抗辩权。[③]

从目前的司法实践来看，法院似乎倾向于采取折中说，对抗辩权的限制主要体现在对抗辩之正当理由的认定上。

---

① 羊震：《物业服务合同履行中业主抗辩权的行使规则》，《人民司法（应用）》2017 年第 22 期，第 38—43 页。

② 广州市中级人民法院房产庭课题组：《关于物业纠纷案件相关问题的研究——以 2018 年至 2020 年上半年广州市中级人民法院审理涉物业管理及业主权益保护纠纷案件为研究对象》，https://www.gzcourt.gov.cn/upfile/File/202304/05/23422264.pdf。

③ 熊进光：《物业服务合同抗辩权的行使与限制——兼评〈审理物业服务纠纷案件的解释〉第 5、6 条》，《现代法学》2010 年第 3 期，第 169—175 页。

（二）业主行使抗辩权有严格限制

1. 未完成超过物业服务人履职范围的服务不构成拒交物业费的合理抗辩

需要审查物业服务合同及物业服务人公开做出的有利于业主的服务承诺，结合相关法律法规、行业规范，明确物业服务人的服务义务。对于物业服务人服务义务之外的诉源问题，律师调解员应该从法律规定的角度告知业主不能通过拒绝交纳物业费解决其问题，同时与物业服务人沟通，及时与责任人对接以形成解决方案，必要时协同相关部门共同解决问题（某案件中，开发商已经工商注销，结束营运，但发现仍有房屋质量保证金存放在住建局）。

本案中业主以建筑质量为由（房屋渗水发霉）提出的抗辩是没有法律依据的。《最高人民法院关于审理商品房买卖合同纠纷案件适用法律若干问题的解释》（2020 年修正）第十条第二款规定："交付使用的房屋存在质量问题，在保修期内，出卖人应当承担修复责任；出卖人拒绝修复或者在合理期限内拖延修复的，买受人可以自行或者委托他人修复。修复费用及修复期间造成的其他损失由出卖人承担。"因此，因房屋质量问题严重影响正常居住使用的，应属开发商的责任，在遇到业主反映此类问题时，调解员应告知业主正确的解决途径，协助业主要求开发商维修房屋或赔偿经济损失。

此外，本案中部分业主以物业服务人"怠于履行"修理电梯义务为由拒交物业费也是不合法的。《物业服务收费管理办法》第十一条第四款规定："物业共用部位、共用设施设备的大修、中修和更新、改造费用，应当通过专项维修资金予以列支，不得计入物业服务支出或者物业服务成本。"专项维修资金是指住宅物业的业主为了本物业区域内公共部位和共用设施、设备的维修养护事项而交纳一定标准的钱款至专项账户，并授权业主委员会统一管理和使用的基金。如果某维修事项属于上述大修内容，将按照《住宅专项维修资金管理办法》等相关法律法规要求的使用程序进行处理，这需要一定的时间。

业主如果对此有所不满，可以向有关部门反馈意见。大修事项的处理质量并不是物业公司的物业服务质量的主要衡量标准，因此，业主不可以此作为拒交物业费的根据。

2. 难以证明服务不到位

一方面，我国物业服务质量标准不够清晰；另一方面，司法实践中对物业服务不到位的认定标准较高。之所以如此，主要是考虑到需要保障物业服务人员的收入进而保障物业服务水平，否则最终受到损害的是全体业主。因此，在司法实践中，一般难以通过证明物业服务人服务质量差进而主张拒绝交纳物业费。

（1）物业服务质量标准不清晰。

我国没有统一的物业服务人服务质量标准，这一标准的确定在当事人之间主要是靠物业服务人提供的格式条款，但这些条款的规定往往是模糊的。因此，判断物业服务人提供物业服务的瑕疵程度是困难的。即便各地出台了一些文件，物业服务质量标准仍不甚清晰。例如，《杭州市物业管理服务收费实施办法》规定杭州市普通住宅小区有甲、乙、丙、丁四个收费等级，对应四个评分等级及收费标准，但是等级评分表规定的内容比较笼统，如"小区公共绿地、庭院绿地和道路两侧绿地合理分布""房屋外观完好、整洁"，此外，这一标准也没有涉及时间尺度。

（2）司法实践标准高。

从司法实践上看，法院认为业主应该有一定的"容忍"义务，一般只有在物业服务人不履行物业服务合同或者履行合同有重大瑕疵时，才会支持业主拒交、少交物业费。对重大瑕疵的认定也是困难的：单个业主的评价和感受难以代表全体业主；物业服务人提供服务是一个长期的过程，不能以某一事件的发生反映整体履约情况；部分差不代表整体差；等等。在林某与上海百利达物业发展有限公司物业服务合同纠纷案中[①]，法院认为，案件的核心争议焦点在于林某是否有义务足额支付物业费。林某主张百利达公司提供的物业服务存在显著问题，并列举了十项具体表现作为支撑。然而，法院认为，林某未能提供充分的证据来证明百利达公司的服务瑕疵已达到足以减少或免除其物业费的程度，或存在根本违约行为。法院还强调，物业服务合同具有涉众性，若允许业主以服务质量有瑕疵为由拒绝支付物业费，则可能对物业服务公司的运营和小区的整体管理造成严重影响，最终损害所有业主的集体利益。因此，法院建议林某考虑通过其他合法手段，如向业主委员会反映并要求物业公司改进服务或重新选聘物业公司，以维护自己的权益，驳回了林某关于拒绝支付物业费的主张。

虽然也有法院支持减少一定比例的物业费，但如前所述，证明标准很高。在方晓晖、王晓英等物业服务合同纠纷案[②]中，法院支持减少物业费30%的条件包括：①物业服务人未能充分举证其在案件争议期间进行整改；②涉案小区有上百户业主拖欠物业费，在相关诉讼中均提供了证据，相互印证物业服务人的物业服务质量存在瑕疵。

四、调解案例的启示

（一）物业纠纷的调解方式

在思考解决问题的对策时，要关注司法实践对类似案件的处理方式，理

---

① 林之华与上海百利达物业发展有限公司物业服务合同纠纷案，上海市第二中级人民法院（2021）沪 02 民终 4062 号民事判决书。
② 方晓晖、王晓英等物业服务合同纠纷案，广东省中山市中级人民法院（2020）粤 20 民终 4931 号民事判决书。

解其背后的法律、社会效应考量。以此次调解为例，律师在调解的过程中不能贪图省事一刀切，只是协调减少物业费，做"和事佬"。这种调解方式目光短浅，没有挖掘到拖欠物业费背后的深层次原因，业主的需要仍然无法得到满足，物业服务人也会因收入下降无力提供优质的物业服务，形成恶性循环。律师调解员要把工作的重心放在彻底化解矛盾上，也就是要切实解决业主所面临的问题。问题清单的模式方便律师调解员迅速厘清几大主要矛盾，为后续解决问题奠定基础；多部门协同合力才可能彻底解决问题。同时也要保障物业服务人有足够的收入以提供高水准的物业服务。当然，如果确实有足够的证据证明物业服务人提供的服务水平与其收取的费用不匹配，可以参考《杭州市物业管理服务收费实施办法》，在业主、物业服务人的参与下共同评估此前的物业服务水平，减少收取物业费。同时督促物业服务人根据相关标准优化、整改，并及时在小区内部公布整改结果。

（二）物业纠纷调解的优势

在物业纠纷中，业主举证能力一般较弱，同时又出于对物业服务人收入的保障，法院判决往往难以彻底化解矛盾。此外，物业纠纷一般涉案金额较少，且具有群体性。总而言之，法院处理物业纠纷容易出现"吃力不讨好"的情况。相比较而言，调解具有巨大的优势。例如在关于证据认定的问题上，物业服务人的举证能力一般会强于业主。这是因为物业纠纷往往持续时间长，而业主的证据意识通常比较薄弱，平时不注意搜集、保存、固定证据。且由于物业纠纷涉案标的额一般不大，业主不会专门聘请律师，因此其往往无法收集有效证据进而导致败诉。在实践中，业主用于证明物业服务人质量瑕疵的证据一般是照片或者证人证言。仅有照片的存在难以证明损害结果与物业服务瑕疵之间的因果关系，证人证言的效力又因为其与业主的关系而下降。而物业服务人一般可以提供书面巡逻记录、保洁记录、维护记录等，证明其按照合同约定履行了义务。在不少司法实践中，法院以证据不足为由不支持业主的抗辩，支持物业服务人请求业主支付物业费的诉讼请求。在调解工作中，律师可以采取多种方式判断物业服务是否存在质量瑕疵，如现场勘察、收集其他业主证言、委托专业机构进行鉴定等，主动探知真相。这对于从根本上化解问题具有重要意义。同时，通过律师调解员的推动，联动多个部门，往往能够加速解决业主面临的问题，真正实现"案结事了"。

参考文献

［1］王秋兰，刘金华，邱星美. 我国调解的立法、理论与实践问题研究［M］. 北京：中国政法大学出版社，2014.

［2］廖永安. 中国调解的理念创新与机制重塑［M］. 北京：中国人民大学出版社，2019.

［3］尹力. 国际商事调解法律问题研究［M］. 武汉：武汉大学出版社，2007.

［4］赵毅宇. 中国商事调解立法研究［M］. 北京：清华大学出版社，2023.

［5］王恒勤. 人民调解理论与实务［M］. 北京：中国政法大学出版社，2011.

［6］范愉，史长青，邱星美. 调解制度与调解人行为规范：比较与借鉴［M］. 北京：清华大学出版社，2010.

［7］洪冬英. 律师调解功能的新拓展：以律师主导民事调解服务为背景［J］. 法学，2011（2）：109-117.

［8］齐树洁. 德国民事司法改革及其借鉴意义［J］. 中国法学，2002（3）：163-173.